总能让你赢的101个怪诞心理游戏

101 BETS YOU WILL ALWAYS WIN

[英]理查德·怀斯曼（Richard Wiseman） 著 刘勇军 译

CNS PUBLISHING & MEDIA 湖南文艺出版社 HUNAN LITERATURE AND ART PUBLISHING HOUSE 博集天卷 CS-BOOKY

致世界各地的怪诞心理学粉丝

我们先来做个试验。

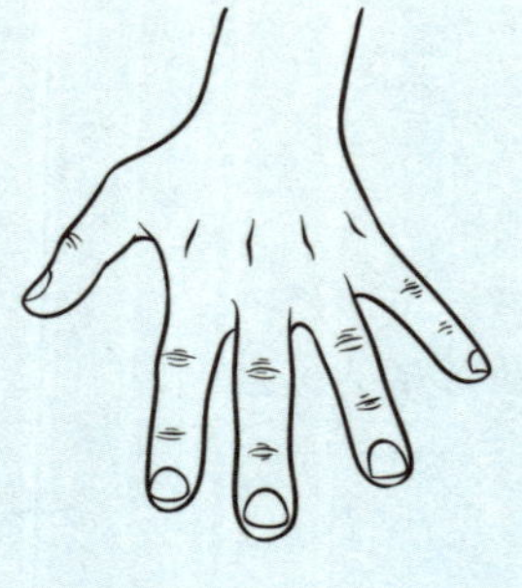

把手平放在桌面上。

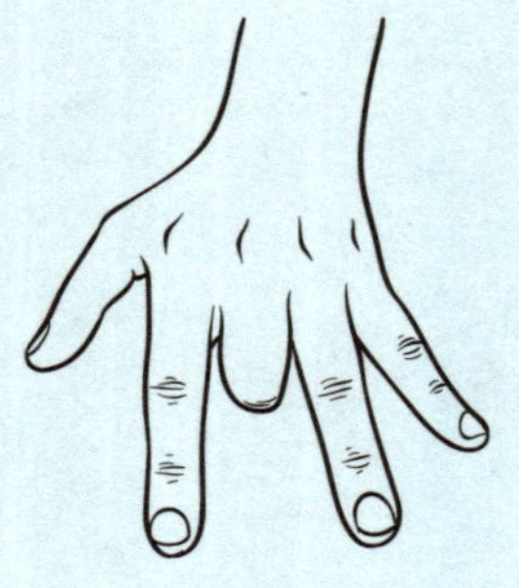

接下来，弯曲中指，指关节如图所示放在桌子上。很好。

我敢打赌，你没办法抬起无名指敲打桌面。

你觉得很简单？可不管你怎么努力，都没办法做到！

恭喜，你刚刚学会了第一个游戏，现在，你可以用它去跟朋友找找乐子了。

等等，我感觉你在思考之余肯定更加好奇。“这事蛮好玩的，可为什么会这样呢？”这个问题问得不错，我很高兴你能这么问。

你的前臂肌通过坚韧的肌腱同手指的骨头相连。当你收缩前臂肌时，肌腱就会绷紧，手指自然会动。

你的大拇指、食指、小指都有独立的肌腱，中指和无名指则共用一根肌腱。你将中指放在手掌下面时，跟中指相连的肌腱处于拉伸状态，自然没法移动无名指。

这两根手指为什么会共用一根肌腱呢？因为你要用它们抓握一些大的物体，它们协同工作时效果更佳。事实上，科学家认为，我们的灵长类祖先当年正是通过这种技巧搬运大块石头的。

你现在总算知道了吧。刚才我只是跟你打了一个有趣的赌，演示了人类进化史上一个极为重要的步骤，而这个步骤可以说改变了整个历史的进程。

好啦，现在你可以把你的手从桌面上拿开了。

Contents

目 录 1

目 录 2

欢　迎

WELCOME

本书会向读者展示许多匪夷所思的游戏。多年来，我去过世界各地，发现了不少非常有趣的游戏和挑战，最后，总算整理出101个看似不可能赢的游戏。不过，只要你了解其中的奥秘，赢下这些游戏就易如反掌了。

但这些游戏不只是能让你在朋友面前显摆一番，逗他们一乐，其中还包含着严谨的科学知识和一些奇闻趣事。如果你掌握了这些跟生命、宇宙、世间万物有关的知识，别人一定会对你刮目相看。

准备出发吧，请系好安全带，因为你即将进入一个奇妙的世界。在那里，所有现象都不是表面看上去的那样，那些神奇的技巧、妙趣横生的科学知识、精巧绝伦的难解之谜，保管让你惊得下巴都掉下来。掌握了这101个神奇的游戏，我相信再没有什么能难倒你。

好好享受吧。

理查德·怀斯曼

警　告

BEFORE WE START

有些游戏跟你日常接触的物品有关，比如说玻璃杯、小刀、火柴，这些东西如果使用不当会有危险。你在别人面前表演时，要是身体受到伤害，财产受到威胁，我们可不负责，所以你阅读这本书时一定要为自己的安全负责！如果你翻开了这页，那就证明你肯定不是个胆小鬼，而且接受了我的忠告。非常感谢大家。

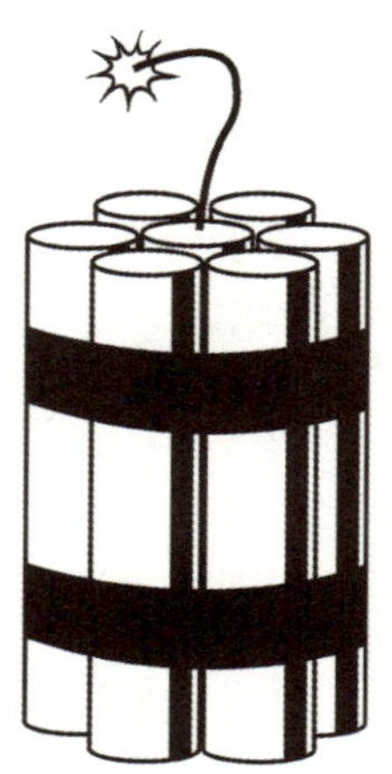

神奇的身体

10 个用肢体玩的小游戏

BODY MAGIC

TEN WAYS TO WIN WITH YOUR HANDS AND FEET

关于身体的趣闻

☆ 每天，你的心脏跳动的次数超过 100 000 下。

☆ 你身体 60% 的成分是水。

☆ 你身体的表皮将在一个月内完全更换。

☆ 身体四分之一的骨头在你的脚上。

☆ 火柴盒大小的骨头支撑的重量是同样大小水泥的五倍。

神 奇 的 手

YOU NEED HANDS

在这个游戏中，你只需要伸出双手说：“如果把大拇指也当成手指，我一共伸出了几根手指？”

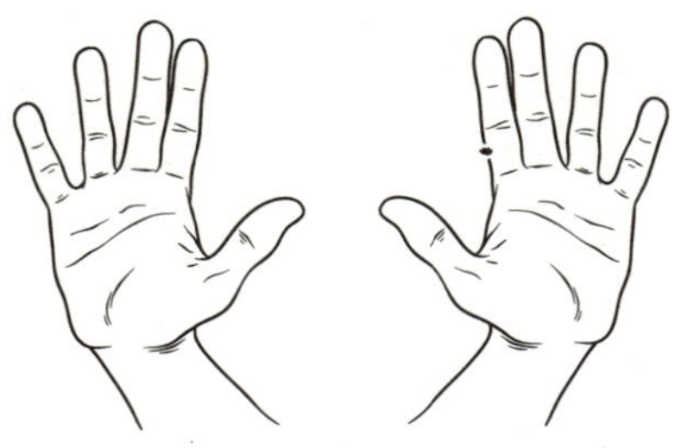

正确的答案是十根。然后你说："如果是十根手指，那十只手一共是多少根手指？"几乎所有人都会说是100根，但正确的答案是50根。

折断火柴棍

BREAK POINT

叫你的朋友伸出手。将一根火柴棍如图所示放在中指上。

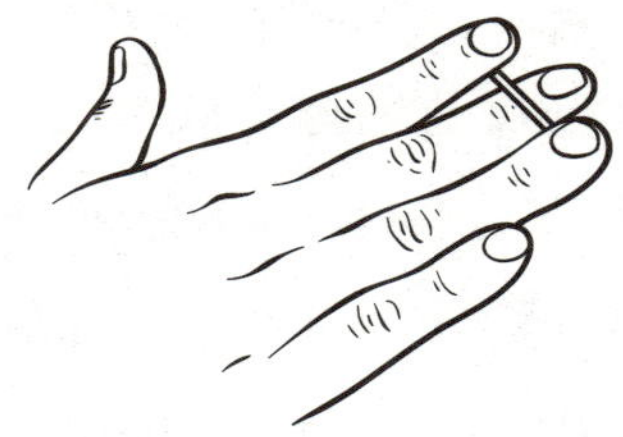

然后告诉你的朋友往下按食指和无名指，将火柴棍折断。这看起来很简单，所以他们肯定会欣然接受挑战。不过，他们一准折不断火柴棍，赢下游戏的人肯定是你！

如果你将火柴棍往他们的中指下面移一点，让他们弯曲食指和无名指的指尖，就会轻易折断火柴棍了。为什么？因为你将朋友的手指当成了杠杆。想要杠杆发挥最大的作用，关键是调整所举物体（在这个例子中则是指所折物体）和支点之间的距离。在这场游戏中，支点就是你朋友手指关节的根部。将火柴棍尽可能放在靠近支点的位置，这样才能更好地发挥杠杆的机械作用；如

果把火柴棍放在靠近指尖的位置，机械作用的优势将无从发挥，自然很难折断火柴。

古希腊著名的数学家和力学家阿基米德在公元前250年有本闻名遐迩的著作《论平面板的平衡或平面的重心》，他在这部著作中阐述了杠杆的原理。阿基米德对杠杆的力量非常自信，因此有了那句名言：“给我一个支点，我就能撬起地球。”当年谁也不相信阿基米德这种大胆的推断，不过这事也不能怪他们，因为现代数学家经过计算得出结论：如果要赢得这场游戏，阿基米德需要一根这样的杠杆——其长臂必须比短臂长1 000 000 000 000 000 000 000倍。

反应能力测试

CATCH ME IF YOU CAN

叫你的朋友伸出大拇指和食指，如图例所示分开大约 1 英寸的距离。

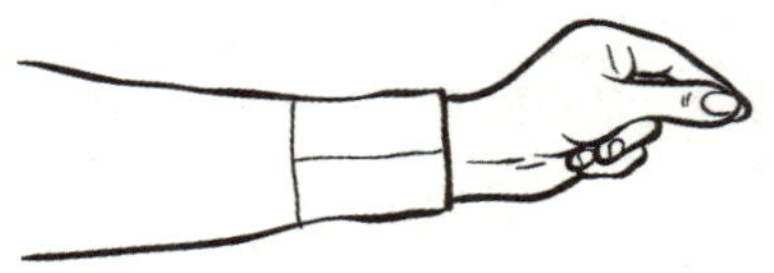

现在将一张纸币放在大拇指和手指的空隙处。

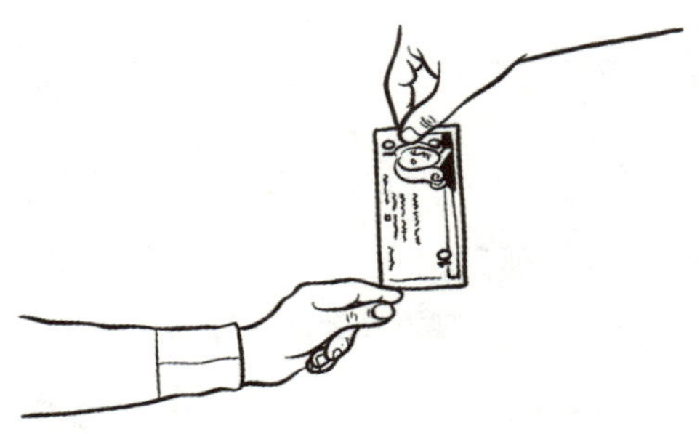

然后你解释说你将松开这张纸币，如果他能抓住，这张纸币就归他了。结果保证让他大跌眼镜，他一次都抓不到。

你也可以用同样的方法测试自己的反应够不够快。

1. 将大拇指和食指分开大约 1 英寸的距离。

2. 叫朋友捏住一根 12 英寸长的尺子的顶端（距离 12 英寸刻度最近的地方），然后将尺子的底端放在你的食指和大拇指之间。

3. 告诉你的朋友先等一下，然后突然松开尺子。

4. 当你看到尺子往下掉的时候，想办法尽可能快地接住它。

5. 检查你接住尺子的位置，用一张表格把你的反应时间记录下来。

英寸	反应时间（秒）
2	0.1
4	0.14
6	0.17
8	0.2
10	0.23
12	0.25

大部分人接住尺子的地方是在 6 英寸到 8 英寸之间的位置，换算成反应时间就是 0.17 到 0.2 秒。如果你在 4.5 英寸刻度处接住了尺子，那你的反应时间就和专业的运动员相当；如果还未到 4.5 英寸刻度处就接住了，那你肯定是作弊了。

手放头上的试验

HEAD START

将你的手平放在头上，跟你的朋友打个赌，赌他没办法把你的手从头上拿开。这看起来匪夷所思，但你肯定会赢得这场游戏。

为什么会这样？因为你的朋友如果想要抬起你前臂，他还得抬起你的上臂。幸运的是，你的上臂牢牢地跟身体其余的部分连在了一起，所以，他当然不知道抬起手臂其实是要抬起你整个身体的重量。

拆开拳头

MAKE A GOOD FIST OF IT

叫你的朋友将一个拳头放在另一个拳头上面。接下来，你用右手抓住朋友上面的拳头，左手抓住下面的拳头，然后把右手往右移，左手往左移。之后跟你的朋友说，将拳头分开简直小菜一碟。

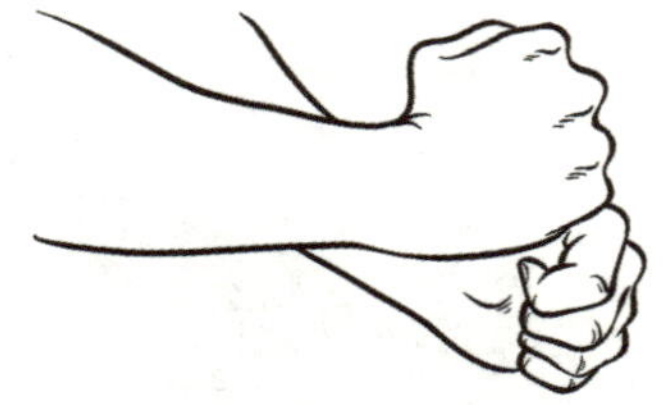

现在，你将两个拳头放在一起，跟你的朋友打赌，他们很难将拳头分开。如果想赢下这场游戏，你必须使点小手段，将一个拳头放在另一个上面时，偷偷用上面那只手抓住下面那个拳头的大拇指！这样，你的朋友还真没什么办法把拳头分开。

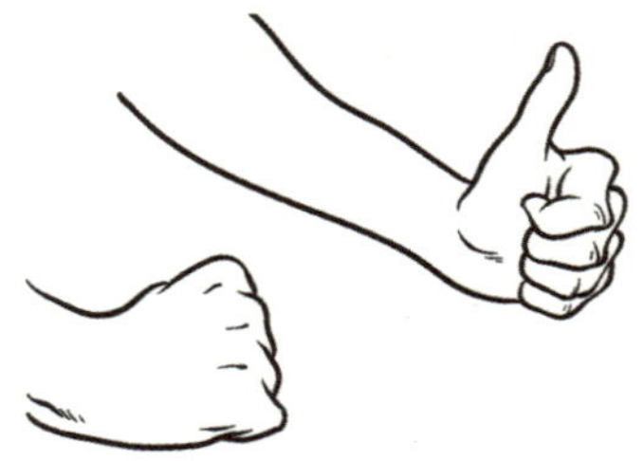

瞬间催眠术

INSTANT HYPNOSIS

跟你的朋友打个赌，你能用催眠术移动他们的手指。要是他们接受游戏，你就让他们把两只手合在一起，如图所示伸出两根食指。接下来叫朋友看着你的眼睛，从一数到五。然后告诉你的朋友他被催眠了，叫他们想象两根手指会互相靠拢。神奇的一幕出现了，他们的手指还真的会往一处移动，叫人百思不解。

这其实根本不是什么催眠术。将食指分开会耗费不小的力气，这个时候连接食指的疲劳的肌肉则会慢慢靠拢。

现代的催眠术要追溯至 18 世纪奥地利一位厉害的内科医生

弗朗茨·安东·梅斯梅尔。这位医生在看病的时候，会坐在病人前面，目不转睛地盯着病人的眼睛。许多病人会有一种奇怪的感觉，还会突然抽搐，事后声称他们的病好多了。

1784年，法国国王路易十六派本杰明·富兰克林调查梅斯梅尔。富兰克林有时会蒙住病人的眼睛，所以，他们并不知道什么时候正在接受梅斯梅尔的神奇疗法，结果发现病人只有在觉得他们正在被治疗时才会声称有不错的疗效。于是，富兰克林得出结论，梅斯梅尔的“治疗”完全是自欺欺人。

但是，梅斯梅尔的治疗方法传承了下来，因为富兰克林的调查算是第一次使用了“蒙眼法”——现在科学界对这种方法的运用已经非常普遍，也正因为有梅斯梅尔才有了“催眠”[①] 这个词，这个词的本义是让人惊奇、令人惊讶的意思。

200 多年后，科学家仍然对人在催眠状态下的所作所为莫衷一是。有调查者相信，催眠是意识的一种特殊状态，而有的人认为这只是一种不同寻常的角色扮演游戏。不管是哪种看法，人在催眠状态下会被人诱使吃洋葱、扮成鸡，还会把自己的银行账号说出来，这可是好消息。

① mesmerize（催眠）是从这位医生的姓氏梅斯梅尔（Mesmer）演变而来的。——译者注

硬币试验

COINING IT IN

如图所示，叫你的朋友把手合在一起，然后伸出食指和无名指。

然后将一枚硬币放在无名指之间，跟朋友打赌，说他们没办法松开摁住硬币的无名指。

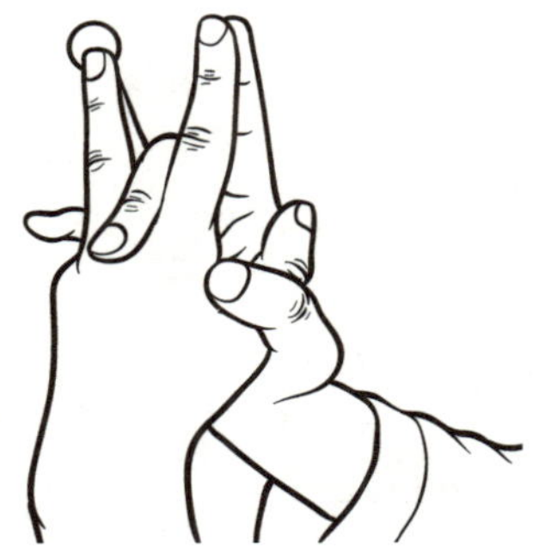

听起来很简单吧，可你就是没办法做到。

转圈游戏

ROUND IN CIRCLES

叫你的朋友坐下，将右腿搭在左腿上，然后让右脚顺时针转圈。

告诉朋友，你即使不接触他们的脚，也能让脚往相反的方向转。要想赢得这场游戏，你只需让他们用右手指在空气中写出“6”这个数字。

几乎所有人都会自动改变右脚的旋转方向，你将轻松赢得游戏。

因为人的左脑会控制右侧的身体，所以很难同时做出相反的动作。如果你用右脚和左手跟人打同样的赌，你会发现做出这样的动作要容易得多。

飘浮的香肠

THE FLOATING SAUSAGE

告诉你的朋友，你有办法神奇地让一根香肠在他眼前飘浮。如果他接受了赌约，你就让他将食指的指尖相对，把手举在距鼻子6英寸左右的前方。接下来，叫他集中精神看着远处的某个东西。过一会儿，他就会发现指尖像一根小香肠一样！不仅如此，如果将手指分开几毫米，香肠还会在空中飘浮呢！

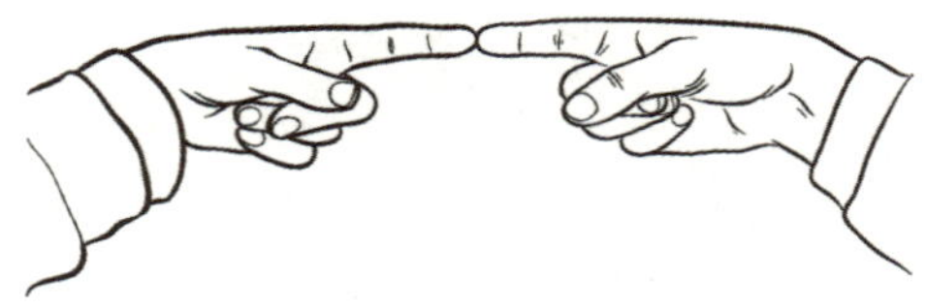

1927年，芝加哥大学的心理学家W. L. 夏普在一篇名为《飘浮的手指幻觉》的学术论文中第一次描述了这种幻觉。在这篇鲜为人知的论文中，夏普说他经常用这种幻觉激发学生的好奇心：“……我经常发现学生喜欢眨眼，摇晃脑袋，像是硬要把自己拉回到现实中。”

之所以会产生幻觉，是因为你关注远处的物体时，两只眼睛看到的手指会有细微差别。

有磁力的手指

MAGNETIC FINGERS

将两只手握成拳头状，分别伸出食指。然后让手靠近身体，食指指尖并拢。

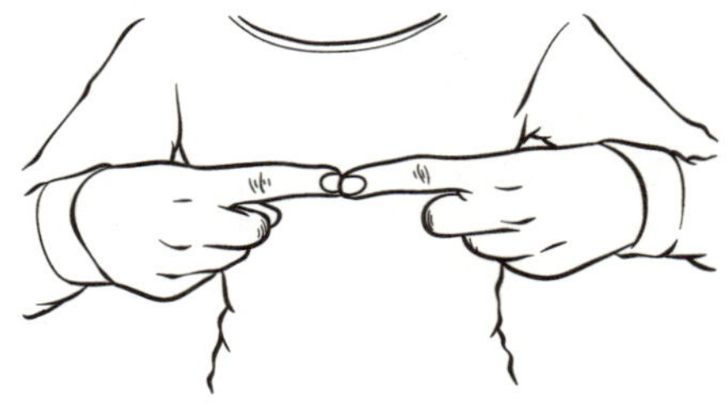

然后跟你的朋友打赌，要他抓住你的手腕，把手指分开。听起来很简单，可他就是做不到。

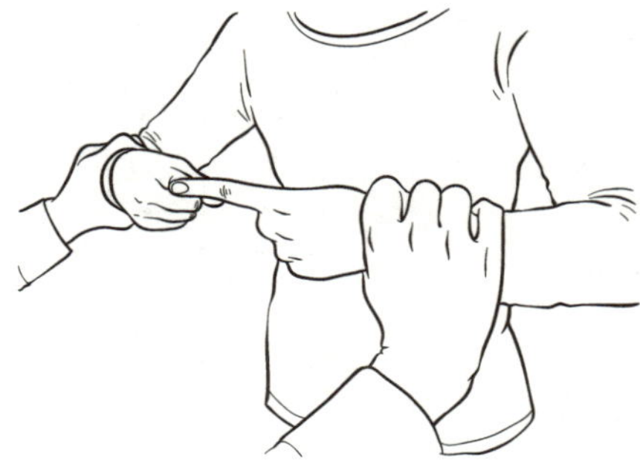

有钱万事能

10 个用钱币玩的小游戏

MONEY MATTERS

TEN WAYS TO WIN WITH COINS AND NOTES

关于钱的趣闻

☆ 纸币最先出现在中国的唐朝（618—907），比欧洲早 500 多年。

☆ 过去，有不法之徒把硬币的边削掉一圈，再把金属卖掉[1]。如今硬币的边缘被设计成齿状，就是为了防止这种情况发生。

☆ 美国铸币局铸 1 美分硬币时所花的成本是 1.5 美分。

☆ 2002 年，研究者发现 94% 的美钞上都有排泄物。纸币比厕纸上的细菌还要多，流感病毒能在纸币上生存 17 天之久。

☆ 1978 年，“太空入侵者”游戏在日本大受欢迎，玩这种游戏导致整个日本极缺面值 100 日元的硬币。

① 主要是指银币，有人会偷偷将银币剪掉一圈之后再脱手，虽然此时银币实际已经不足值，但很难被人发现，不会影响其流通。——译者注

纸币和瓶子的游戏

THE BANG BANG BOTTLE

将一张纸币放在桌子上，然后如图所示放置瓶子。

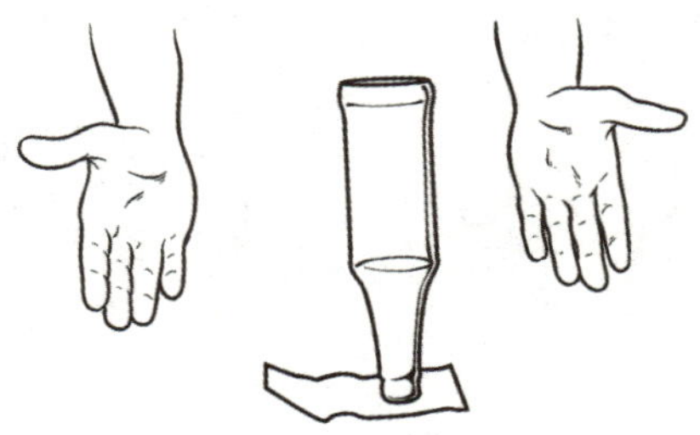

跟你的朋友打赌，在不接触瓶子或者打倒瓶子的情况下，他没有办法把纸币弄出来。要想赢得这场游戏，你只需将一只手握成拳头状，另一只手抓住纸币的一端。

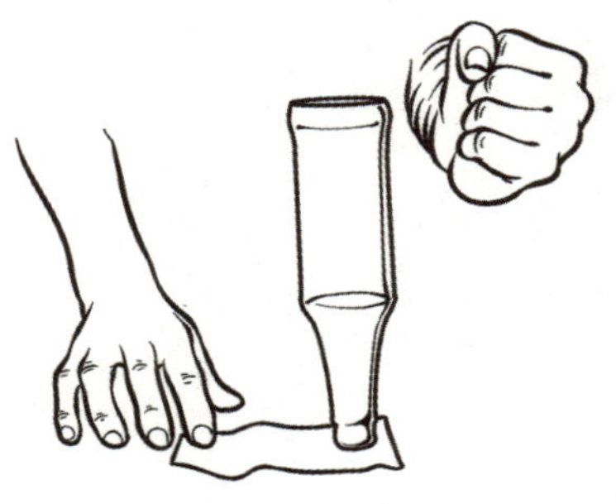

跟着，你一拳砸在桌子上，瓶子就会轻轻地弹起来。这个时候，你就可以将瓶子下面的纸币抽出来了。

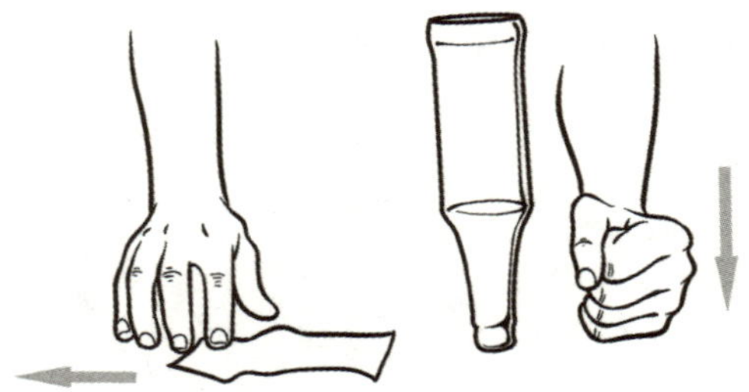

弹硬币游戏

THE PENNY STACK

将一枚小硬币放在光滑的桌面上，然后将另外几枚更大的硬币叠放在上面。

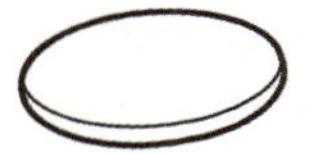

接下来，你就可以跟你的朋友打赌了，说你不接触大硬币就能把小硬币移出来。如果你想赢得这场游戏，就需要再找一枚小硬币，飞快地沿桌面弹过去，撞击底下的小硬币，这样，那枚小硬币就会从大硬币下面飞出去了，再把它捡起来就行了。

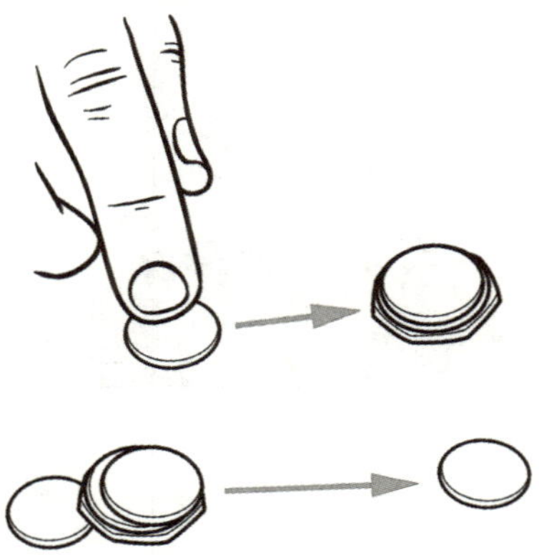

17世纪有位叫艾萨克·牛顿的科学家，他花了不少时间观察物体的运动，最后提出了非常有名的运动定律。而这个弹硬币的游戏用到的正是牛顿的第一运动定律：任何物体都会保持匀速直线运动或静止状态，直到外力迫使它改变运动状态为止。牛顿将这种状态称为惯性，他还用这种现象解释人为什么在冬天的早晨愿意待在暖和的被窝里不肯起床（这句话是我说的）。在外力的冲击下，那枚小硬币会被弹出来。不过，其他的硬币因为惯性仍然保持叠加的静止状态，所以那些大硬币只会下落到被弹开的小硬币原来的位置上。

虽然牛顿在科学界取得了举世瞩目的成就，但他也是一名炼金术士，毕生都在寻找哲学家所谓的“石头”——据说是一种能将铅变成金子的物质。可惜，牛顿最后死在了炼金上。炼金的时候需要蒸馏水银，最近有人分析了他的头发样本，发现这种致命化学物质的含量非常高，这说明牛顿很有可能是死于汞中毒。

搭桥游戏

A BRIDGING LOAN

将一张纸币放在桌子上，告诉你的朋友，如果赢得游戏就可以把钱拿走。接下来，你将两个大玻璃杯、一个小玻璃杯和几根火柴放在桌子上。好啦，现在跟你的朋友打赌吧，说你用这些东西就能把小玻璃杯搭在两个大玻璃杯之间。

其实火柴只是幌子，要想赢得游戏，你得使用那张纸币！如图所示，先将纸币横着折叠起来，像搭桥一样放在两个大玻璃杯之间，然后将小玻璃杯放在纸币上，这样你就赢了。

纸币之所以能够支撑玻璃的重量，是因为褶皱状态能够增强纸币的韧性。世界上最伟大的发明之一——瓦楞纸箱就是用的这个原理。这个神奇的发明要追溯至1856年，当时，英国一个叫爱德华·艾伦的礼帽推销员为了让帽子不变形，才有了这个发明。受16世纪褶裥饰边衣领的启发，艾伦将褶皱的纸放在了礼帽内。

1871年，纽约人艾伯特·琼斯用同样的原理获得了美国专利。在接下来的几年里，其他的发明家增强了褶纸的韧性，进而将褶纸用胶水粘在两块硬纸板之间。到了19世纪末20世纪初，第一个瓦楞纸箱开始在美国批量生产。但制造商很快意识到盒子太小，里面装不了几个东西，于是便开始制作更大的纸箱。接下来的几年里，由于航运业务的迅猛发展，纸箱供不应求。一些经济学家声称，如果没有瓦楞纸箱，全球经济绝不会如此繁荣。多亏当年有个人希望让礼帽坚挺一点。

滑动硬币

THE COIN SLIDE

将两枚硬币放在玻璃杯的边缘，然后跟你的朋友打赌，赌他不能把玻璃杯拿起来。对了，他只能接触硬币！

要想赢得游戏，你只需将食指和大拇指放在硬币上，然后快速将硬币移到玻璃杯的侧面，摁住硬币，就能把玻璃杯端起来了。

险中求胜

LIVING ON THE EDGE

跟你的朋友打赌，说你可以将一枚小硬币放在纸币的边缘。如果你的朋友不敢接受挑战，你就将纸币折成“V”字形，再把硬币放在“V”形槽上。

接下来，慢慢拉动纸币的两端。你会发现硬币神奇地搭在纸币边缘，不会掉下来。

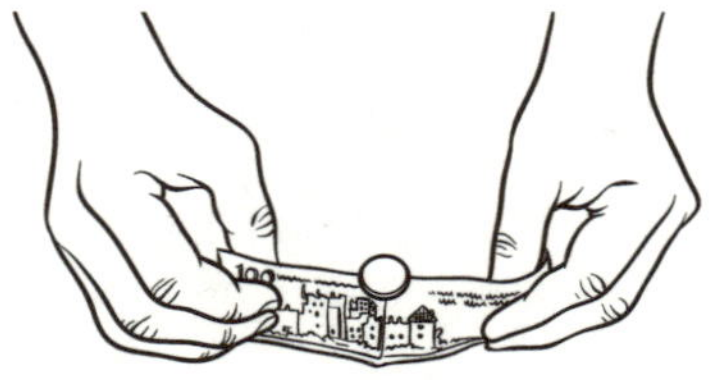

要想更轻松地赢得这场游戏，你最好使用崭新的纸币。

拉动纸币两端时一定要慢，可千万别打喷嚏。

吹气的游戏

I'LL HUFF AND I'LL PUFF

将一张纸牌放在一个玻璃杯上，再将一卷纸放在纸牌上面，最后将一枚硬币放在卷纸的上方。现在，跟你的朋友打赌说你可以让硬币落入玻璃杯中，但不触碰纸牌或者硬币。

如果你的朋友不敢接受挑战，你就只需在纸牌下面往上吹气，这样卷纸和纸牌就会飞走了，硬币自然会落入杯中。

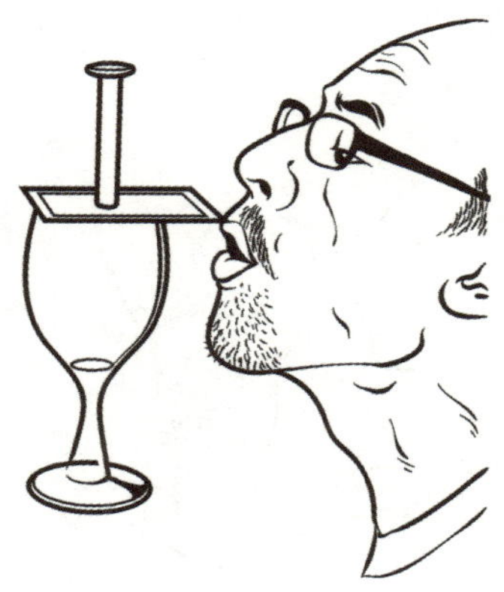

叠硬币游戏

INFLATION

将五六个 1 便士硬币放在桌面上，然后将另一枚硬币竖起来。马上问你的朋友，需要叠多少硬币才能达到这枚立起来的硬币的高度。

他们一般会猜五到六枚。那赢下游戏的肯定是你，因为正确的答案是 12 枚，神奇吧！

信用卡游戏

IN CREDIT

倒点水在玻璃杯中，然后如图所示将信用卡放在玻璃杯的边缘。接下来，你可以跟你的朋友打赌，叫他将硬币放在信用卡悬在玻璃杯外面的边缘上。

他们肯定会输，因为信用卡会从玻璃杯上掉下来。要赢得这场游戏，你应该在玻璃杯中倒满水，然后再将信用卡放在玻璃杯上。这时候，信用卡会紧贴在水面上，这样就可以将硬币放在信用卡的边缘了。

水分子会互相吸附，不过，表面的水分子上面有空气，所以吸附在一起的水分子数量会变少。这样一来，水分子就会跟周围别的分子黏附在一起，在表面形成一股张力。信用卡刚放在水面上时，因为张力的作用就会黏附在水面上。等到信用卡和水接触后，两种不同的分子就会互相吸引，这种黏附力会让信用卡紧紧地贴在水面上。

骰 子 游 戏

GETTING DICEY

如图所示，将一枚硬币放在两个骰子之间。

给你的朋友一支笔，跟他打赌说用这支笔把硬币取出来，但骰子需要保持原样。不过，他只允许用笔接触硬币。等他认输后，

你按住笔前端的卡簧，不要松手。接下来，将卡簧的末端对准硬币边缘，松开卡簧，卡簧就会弹射出去，骰子中间的硬币也会被弹出去。

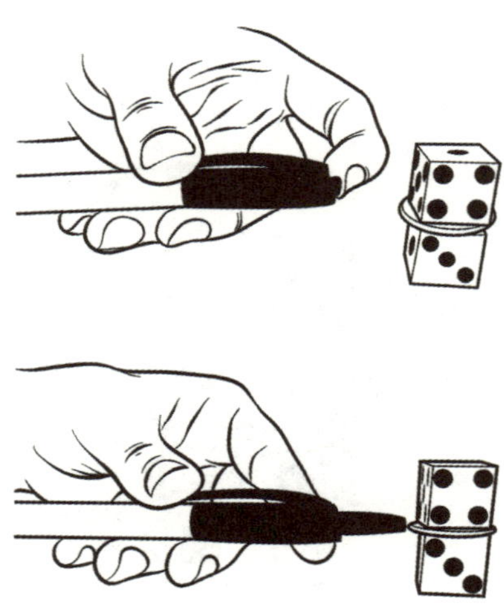

一根手指取硬币

JUST ONE FINGER

将一张纸币放在瓶盖上方，再如图所示将几枚硬币放在纸币上。

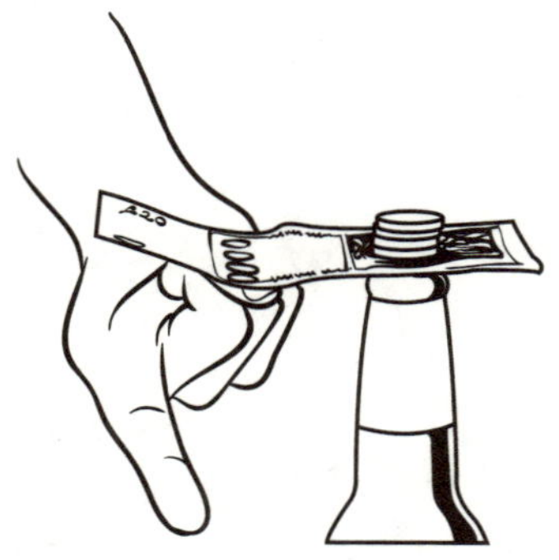

跟你的朋友打赌，在硬币保持原样的情况下将纸币抽出来，并且只能用一根手指。赢得这场游戏的方法很简单，把食指舔湿，

这样上面就会沾上唾液。接下来，举起手，迅速放下食指的时候，纸币会粘在有唾液的食指上，这样就能将其从硬币下面抽出来了。

为什么在手指上沾了唾液会管用？你的身体会产生油，这样皮肤就不会变得干燥了，你的手指也会相对较滑。所以在这场游戏中，你可以用手指轻扫纸币，而不是从硬币下面直接抽出来。不过，在手指上沾少量黏黏的唾液，增加一点摩擦力，这样每次都能保证将纸币粘出来。

听话的火柴

10 个用火柴玩的小游戏

MATCHSTICK MAYHEM

TEN WAYS TO WIN WITH MATCHES

现代火柴的神奇历史

生火的本事可以说对人类生存有着至关重要的作用。过去，我们的祖先会用快速旋转木头的方式，或者用金属刮擦打火石的方式取火。不过，用这两个方法取火都比较困难，不怎么靠谱。直到 19 世纪，一个神奇的发明诞生了，有了这个发明后，我们只需手腕一抖就能轻松生出火来，我们的生活也便捷多了。接下来，我们将一起了解火柴是怎么发明出来的，这个过程既好玩又有点不可思议，不过也是危险的。这个故事涉及以下关键词：炼金术士、尿、人命关天。我还自创了一个标题：现代火柴的四部分历史。

让马望向左边

HORSING AROUND

将五根火柴放在一张纸上，如图所示摆出马的形状。

现在跟你的朋友打赌：只移动一根火柴，就能让马望向左边。要想赢得这场游戏，如图所示，先把马的后腿移动 90 度……

……然后将纸转过来就行了！

你在做这个游戏的时候，可以打趣地告诉你的朋友，马能一动不动地站着睡觉，这个本事可不赖，因为一旦遇到危险，马就可以立即逃走呢。

方块游戏

SQUARE-DANCING

将火柴如图所示摆放，然后跟你的朋友打赌：只移动一根火柴就能变出一个正方形。

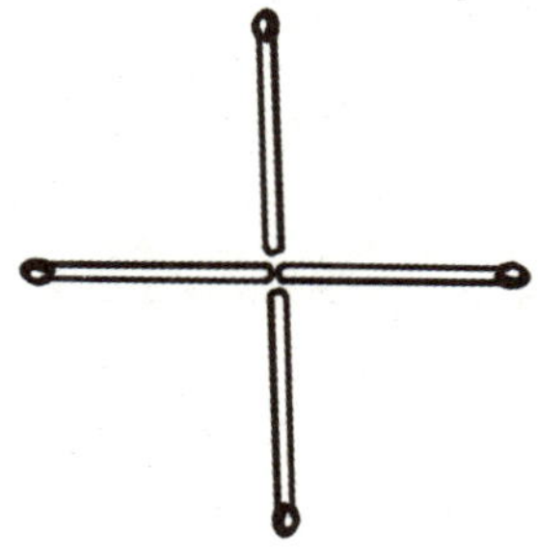

要赢得这场游戏，只需将一根火柴像图中所示那样移开一点，这样，中间就形成了一个小正方形。

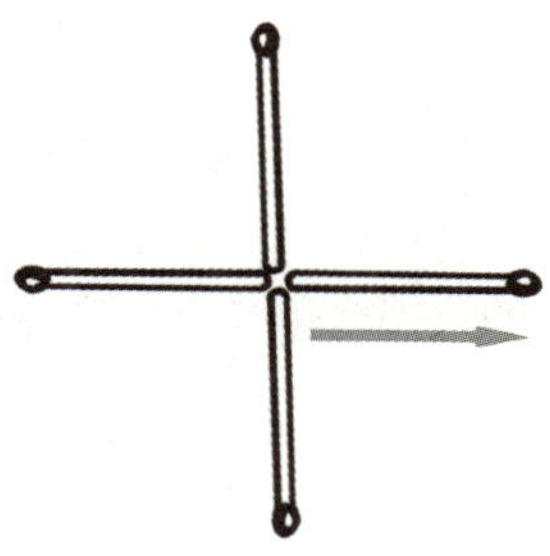

等边形游戏

EQUILATERAL

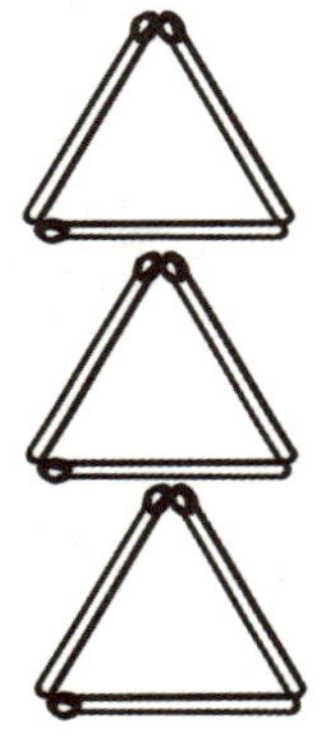

用九根火柴排成如图所示的形状。

现在向你的朋友发起挑战：只移动三根火柴，变出四个等边三角形。对了，所有火柴均不能重叠。

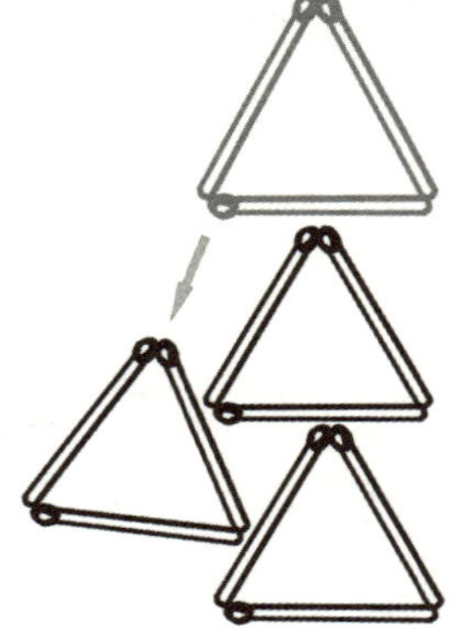

要赢得这场游戏，你只需将组成最上面的那个三角形的三根火柴移下来，如图所示紧挨着另外两个三角形。

让火柴全部接触

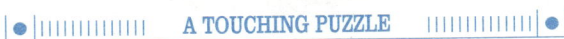

A TOUCHING PUZZLE

将六根火柴放在桌子上，跟你的朋友打赌，让每一根火柴都能同其他所有的火柴接触。如果他们办不到，你就按图所示排列。

火柴的历史
第一部分：“光奴”

中国古代一本名为《清异录》的书中最早提及火柴的概念。这本奇书著于公元950年，书中提到，在一根松枝上浸上硫黄，与火一接触就会燃烧起来，称为光奴[1]。夜晚，如果碰上什么急事，这种浸泡过硫黄的松枝可以立即点燃，以备不时之需。

① 北宋人陶穀的《清异录》说，“夜有急，苦于作灯之缓，有知者批杉条，染硫黄，置之待用，一与火遇，得焰穗然。既神之，呼引光奴”。——译者注

神奇的玻璃杯

IMPOSSIBLE GLASS

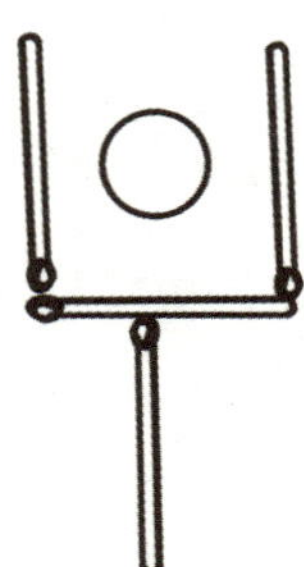

将四根火柴摆成酒杯的形状，将一枚硬币放在里面。跟你的朋友打赌：只移动两根火柴，让硬币跑到玻璃杯外。

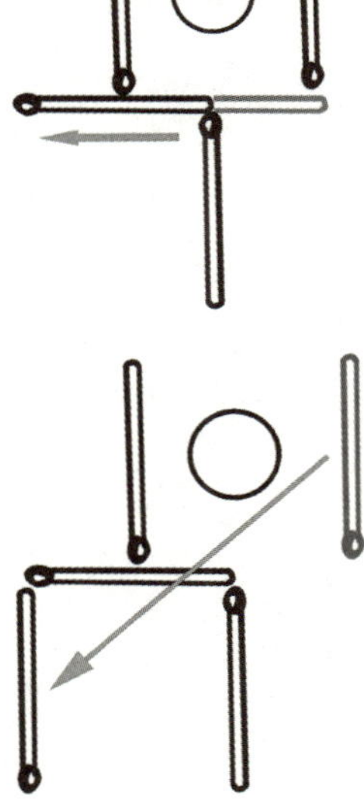

如果知道答案，那你肯定觉得很简单。首先如图所示，把水平放置的火柴移到左边。

然后将右上方这根火柴放在左下这个位置。

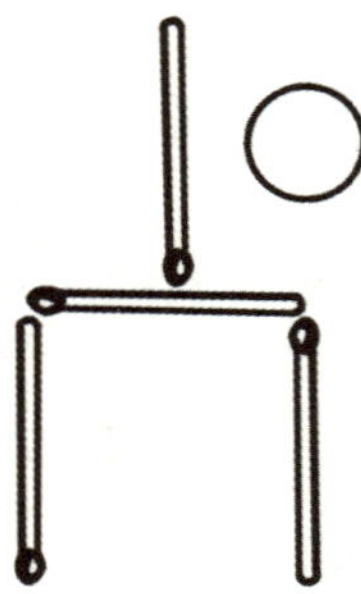

现在硬币就在酒杯外面了，你又赢了。

眼睛改变方向的狗

IT'S A DOG'S LIFE

用13根火柴摆成狗的形状，然后用一块碎纸片做成狗的眼睛。接下来就可以跟你的朋友打赌了，只移动两根火柴和碎纸片，就能让狗往相反的方向看。

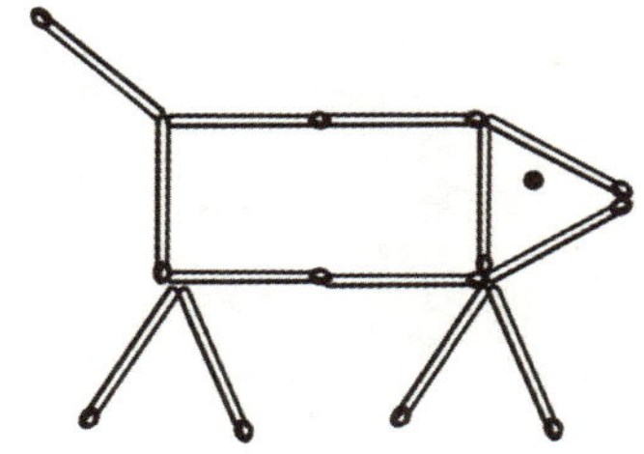

要赢得这场游戏，你必须用两根火柴拼成狗的头，然后如图所示移动碎纸片。

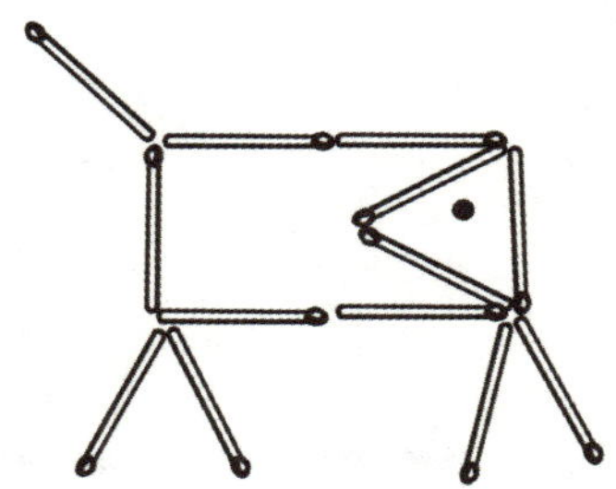

火柴的历史
第二部分：摩擦生火

1805 年，法国化学家让·尚塞尔最先发明了火柴，这也是现代火柴的雏形，不过这种火柴刚刚发明出来的时候挺吓人的。任何人都可以在小木棒上涂氯酸钾，浸泡在硫酸中。只要将小木棒从硫酸中拿出来就会着火。尚塞尔的发明虽然大受欢迎，却并不怎么实用，瓶中的硫酸会经常泄漏出来，烧伤人的皮肤。

1826 年，英国人约翰·沃克改进了尚塞尔的方法，用浸硫的小木棒跟砂纸摩擦取火。虽然沃克“摩擦生火”的方法解决了不用随身携带高腐蚀性硫酸的难题，防止了泄漏的危险，不过这种火柴会释放有毒的气体，还会经常产生一团团小火球，所以，沃克这个颇具开创性的发明在法国和德国都被禁止了。

游泳的鱼

SINK OR SWIM

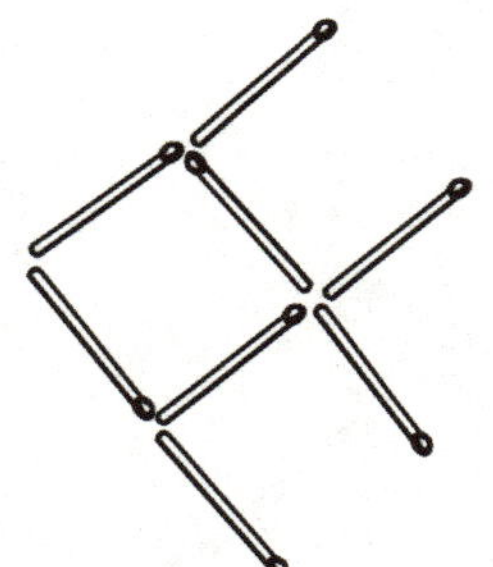

用八根火柴摆出一条往左边游泳的鱼。然后跟你的朋友打赌：只移动三根火柴，让鱼往相反的方向游。

要赢得这场游戏，先把这根火柴移到这个位置。

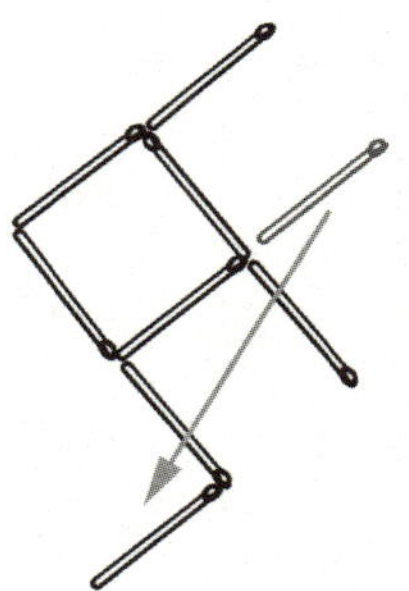

再将这根火柴移至这里。

最后移动这根火柴，这样，鱼就往右边游了。

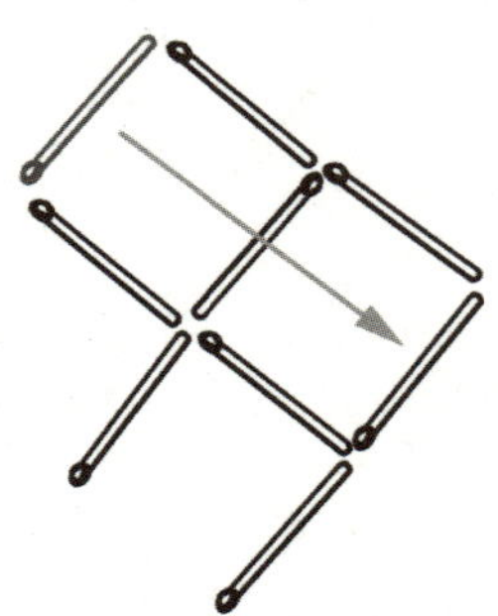

成立的等式

EQUATION TIME

如图所示，用七根火柴摆出一个等式。

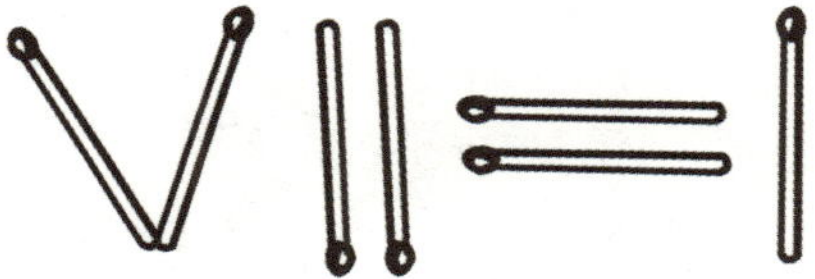

现在向你的朋友发起挑战，只移动一根火柴让等式成立。其实他们只需如图所示移动这根火柴，等式就成立了，因为 1 的平方根就等于 1。

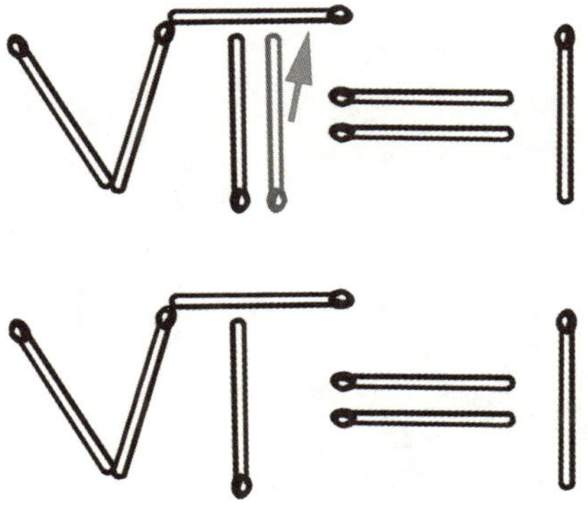

火柴的历史
第三部分：从“尿”开始的发明

1669 年，德国炼金术士亨尼希 · 布兰德正忙于蒸馏尿液，然后干馏残余物，想借此找到将铅变成金子的方法。在这个看似荒唐的实验中，一种发光的液体从火炉上滴下来，一接触氧气，便开始自燃。出于好奇，布兰德仔细研究了这种发光的液体，意外地发现了促使现代火柴诞生的物质——磷。

此后的 150 年，科学家们都没有意识到磷与火是天生一对。直到 1830 年，法国化学家查尔斯 · 索利亚把磷与火联系起来，以此发明了世界上第一根含磷火柴。尽管非常流行，但索利亚发明的火柴仍然给健康和安全带来了极大的隐患。尤其是它非常易燃，几乎与任何粗糙表面摩擦都会燃烧，甚至与裤子摩擦一下都能烧起来。在 19 世纪 40 年代，这种状况得以改变，瑞典科学家古斯塔夫 · 埃里克 · 帕施创造出一种新型火柴，火柴头只有与火柴盒上特殊的摩擦条摩擦，才能被点燃。就这样，现代的安全火柴诞生了，而且前途看起来十分光明。不过，火柴制造业表面上虽然如火如荼，事实却并非如此。

正方形游戏

SQUARE THINKING

先在桌子上放12根火柴。

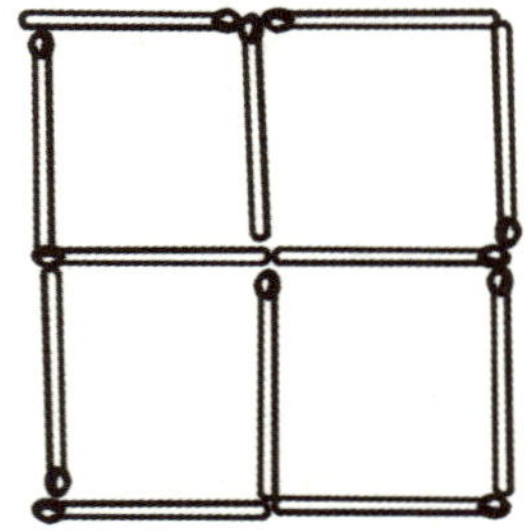

接下来向你的朋友发起挑战，看看谁能只移动其中的两根火柴就可以得到七个正方形。要想赢得比赛，你可以移动这两根火柴……

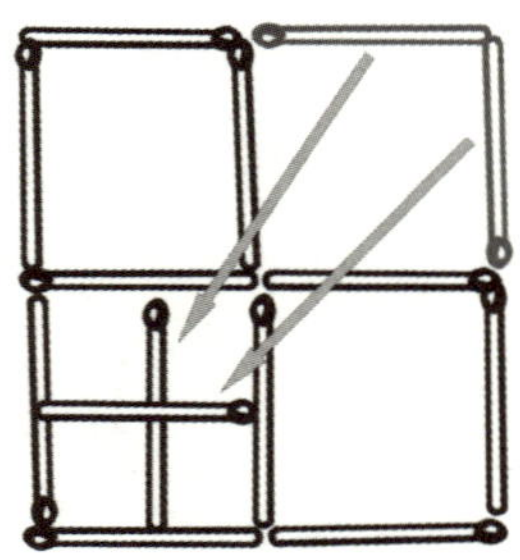

这样，你就成功地摆出了七个正方形！

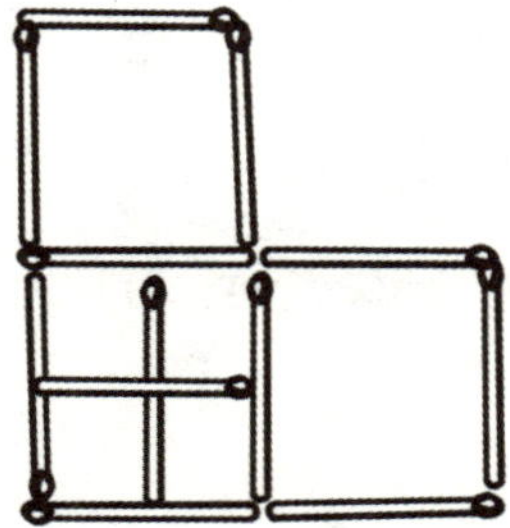

金字塔的魔力

PYRAMID POWER

在桌子上放六根火柴。跟你的朋友打个赌，看看谁能用这六根火柴拼出四个等边三角形。请向你的朋友说明，火柴不能折断，也不能重叠。

想要赢得比赛，你可以参照下图搭建一个简单的金字塔。

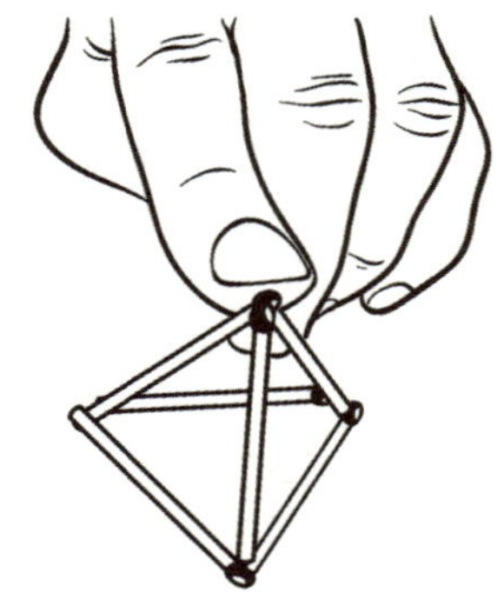

火柴的历史
第四部分：自杀与改良

19 世纪末，欧洲和美国的工厂每年生产数以万亿计的含磷火柴，这些火柴在市场上非常畅销。然而不幸的是，火柴的许多问题也随之暴露。

首先，仅从一个火柴盒上刮下的磷，其有毒物质的含量就足以使人致命。当时人们普遍认为，把火柴头浸泡在白兰地里能产生强大的催情作用，结果几乎所有以这种方式寻欢作乐的人都丢掉了性命，这使得火柴的问题更加恶化。

其次，火柴厂的工作条件十分恶劣，主要依靠童工和低薪的女性劳动力。由于长期暴露在含磷量高的工作环境中，他们常会产生严重的健康问题。

再次，火柴的生产过程本身就充满危险。1888年，伦敦一家火柴厂的女工终于忍无可忍，开始举行罢工。她们的抗议被全国报纸报道，英国工会应运而生。这也迫使制造商发明出一种不那么危险的火柴。1910年，美国钻石火柴公司发明了世界上第一根无毒火柴，并为其申请专利。时任美国总统威廉·塔夫脱成功地说服钻石火柴公司，为了全人类的福祉放弃无毒火柴的专利，这是一个值得称道的利他主义壮举。

这才有了我们现在的火柴。人类每年要用掉5000亿根火柴。下次当你再点燃一根火柴或者用火柴打赌时，请想一想那些曾为此经历了巨大磨难的人，正是因为有了他们的付出和牺牲，你现在才可以像变戏法一样随时变出火来，再也不用担心危险了。

超乎你想象

10 个用横向思维玩的小游戏

OUTSIDE THE BOX

TEN WAYS TO WIN WITH LATERAL THINKING

有关大脑的趣闻

☆ 你大脑的重量仅占你体重的 2%，却包含了 860 亿个脑细胞，大约要消耗 20% 的身体能量。

☆ 信息以每小时 260 英里的速度通过你的大脑，比 F1 赛车的速度还要快。

☆ 病理学家对爱因斯坦进行尸检，发现这位天才的大脑要比普通人的小 10%。然后这位病理学家将爱因斯坦的大脑装在一个容器里，在他的地下室里放了 40 年。

☆ 大脑没有疼痛感受器，这也解释了为什么脑外科医生可以在病人完全清醒时给他们做手术。

☆ 外科医生将一个人的一半大脑切除，对这个人的性格或记忆几乎没有任何影响。

杯子排列游戏

SIX IN A ROW

如图所示，将六只玻璃杯摆成一排，前三杯倒入液体。

向你的朋友发起挑战，重新调整玻璃杯以得到如图所示的效果……但他们只允许触碰其中的一只杯子。

要想赢得游戏，如图所示，只需要将第二只杯子的液体倒入第五只杯子中……

……然后将第二只杯子放到原位，恭喜你赢了！

卷筒不倒的秘密

THE BIG DROP

如图所示，拿一个卫生纸卷筒，向你的朋友说明这个游戏是将卫生纸卷筒从高处丢下来，看看谁能使它立在桌面上。不过你的朋友每次都赢不了。

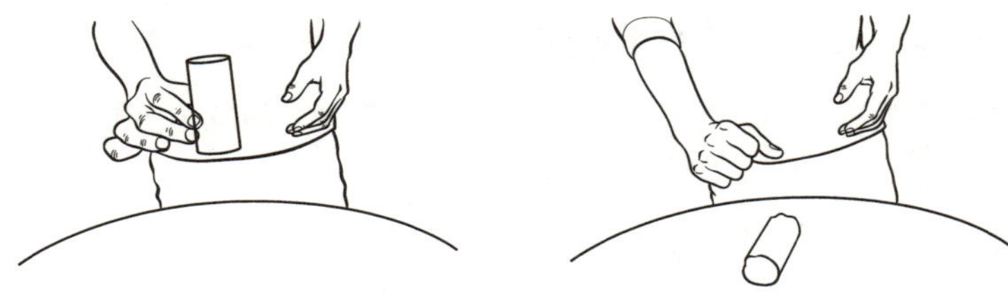

要想赢得挑战，你只需横着将卫生纸卷筒丢下去，卷筒落在桌面上后会反弹立起来！

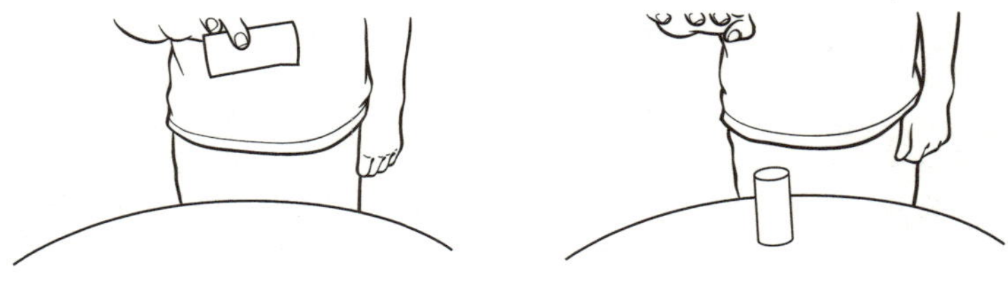

这个方法之所以奏效，是因为卫生纸卷筒从高处落下碰到桌面时几乎都会反弹。当你垂直丢落卷筒时，它碰到桌面后会反弹，最后会侧面落在桌子上。你要是横着丢下去，它碰到桌面反弹后反而会立在上面。

为什么卫生纸卷筒会反弹呢？如果把卷筒撞击桌面的瞬间拍摄下来，然后慢动作回放多次，你将会发现当卷筒撞击桌面时会稍微被挤压。当你挤压一个球时，你能感觉到球也在挤压你的手，同样的道理，被桌面挤压的卷筒同时也在挤压桌面，试图恢复到原来的形状。这个力反过来会将卷筒弹到空中，这就是反弹！

有关卫生纸的五个趣闻

☆ 世界上 70% 的人不用卫生纸。

☆ 一个人如厕一次平均要用八块纸，加起来，一个人一年就要用 100 卷卫生纸。

☆ 如果要满足一个人一生的卫生纸需求，需砍掉大约 380 棵树。

☆ 古罗马人把棍子的一头裹上布料代替厕纸——这就是“棍子拿错边”这种说法的来源。

☆ 美国脱口秀主持人强尼 · 卡森曾失口说奇缺卫生纸，结果一语成谶。第二天，观众们大量购买卫生纸，卫生纸真的紧缺了。

“金字塔”游戏

PICK ME UP

这个挑战需要两根吸管。把一根吸管对半剪断，再将另一根吸管对折。如图所示，将剪断的半根吸管架在对折的吸管上，保持平衡，然后向你的朋友发起挑战，用剩下的半根吸管提起这个“金字塔”。

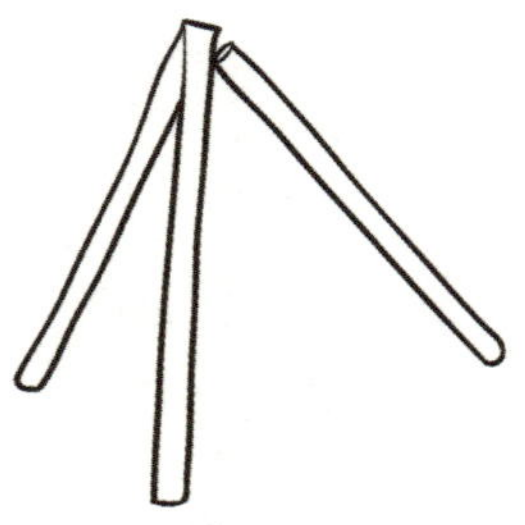

要想赢得这场游戏，首先你需要小心翼翼地把剩下的半根吸管插入“金字塔”顶部，然后轻推折叠好的吸管，之前那半根吸管会向前落到你正拿着的吸管上，最后将之前的半根吸管卡在对折吸管“V”形槽的下方，固定之后你就能提起这个“金字塔”了。

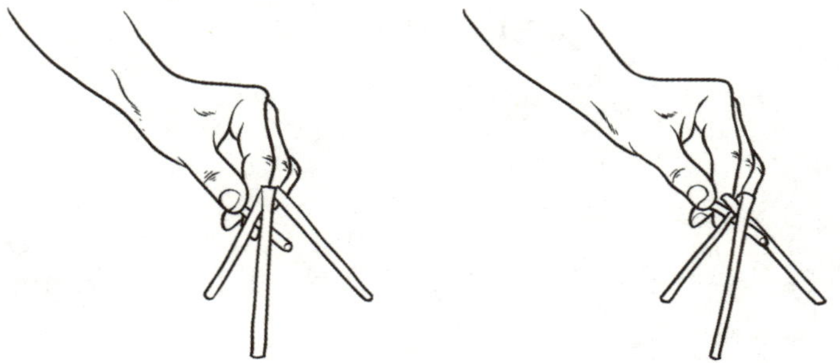

已知的最古老的饮料吸管可追溯到公元前 3000 年，是在苏美尔人的坟墓中发现的。它其实是一根黄金做成的管子，上面镶嵌着许多珍贵的蓝宝石。

不可思议的三角形

THE IMPOSSIBLE TRIANGLE

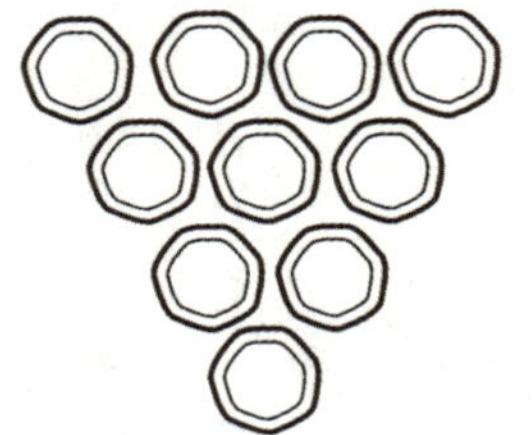

如图所示，用十枚硬币摆出一个三角形。

现在请你的朋友只移动其中的三枚硬币将三角形的方向扭转。秘诀很简单，先拿走这三枚硬币。

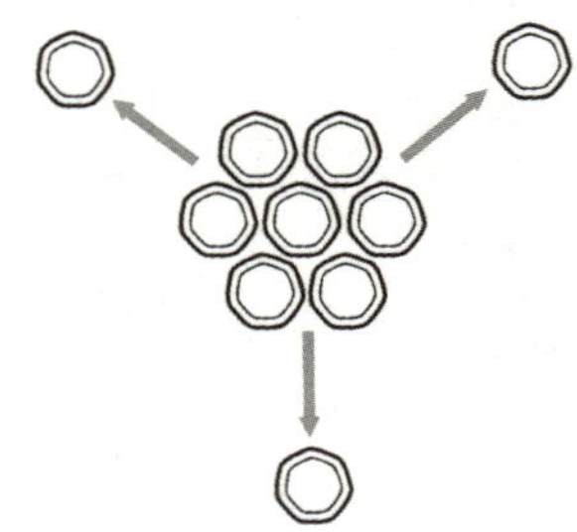

如图所示，将两枚硬币放置在新三角形的底部……

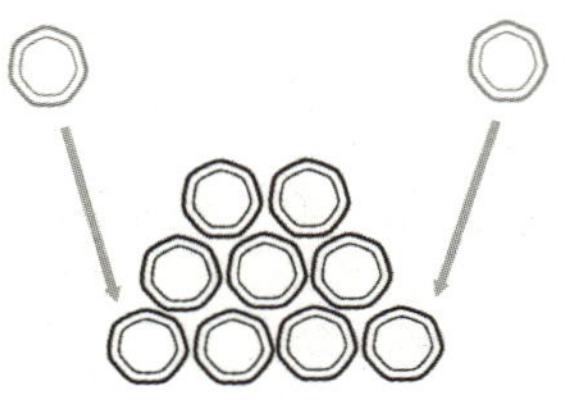

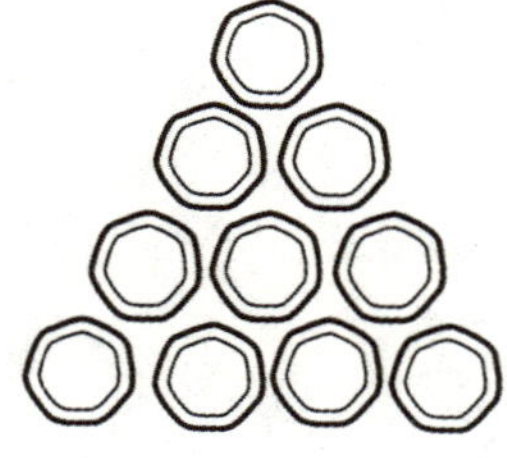

……然后将第三枚硬币放在新三角形的顶部。

巴士司机叫什么

ON THE BUSES

对你的朋友说："想象你是一个巴士司机，旅程开始之前巴士是空的。然后你接了四位乘客。在下一站的时候，有两位乘客下车，同时又上来一位乘客。到下一站时，又有两位乘客上车。请问司机的名字是什么？"

当你的朋友答不上来时，你可以提醒他你开头就说了他是巴士司机，所以答案是他自己的名字！

敲木头走好运

KNOCK ON WOOD

跟你的朋友打赌，你在桌上敲三下，他们就不会再坐在桌子底下了。当他们同意跟你打赌后，让他们坐在桌子底下，然后你在桌上敲两下后就走开。过一会儿他们将不得不从桌子底下出来，恭喜你赢了。

没有人确切知道为什么敲木头会被视为能让人交上好运的一种方法。一些历史学家认为这个传统来自古老的异教徒，他们认为接触木头会唤起好心肠的树精给予神助。然而关于“敲木头走好运”的参考记录最早只能追溯到 1905 年，发生在一种“小老虎摸木头”的儿童追逐游戏中。在游戏中，一只“小老虎”站在中间区域，其他玩家要摸着一些木头（比如木门、桌子或者篱笆）。

然后其中一位玩家要离开木头所在的安全地带，跑起来直到摸到另一块木头。在他奔跑的时候，如果“小老虎”设法摸到了他，他就必须取代“小老虎”的位置。

这样就有了我们今天“敲木头走好运”的说法。这也许是一种具有神圣意义的古老仪式，也许只是来自“小老虎摸木头”这种儿童游戏。希望有一天研究者们能彻底解决这个问题。祝你好运！

奇数的思考

ODD THINKING

如图所示，在桌子上放十枚硬币和三个玻璃杯，跟你的朋友打赌你能将十枚硬币放入三个玻璃杯中，并使得每个杯子中的硬币数量都是奇数。

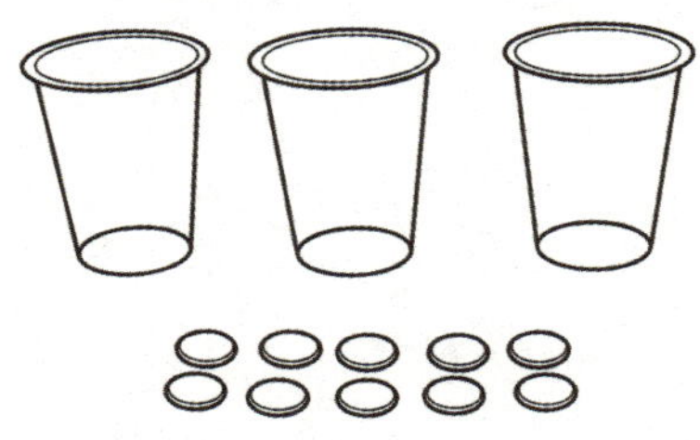

要想赢得这次挑战，你可以在第一个杯子中放入三枚硬币，在第二个杯子中放入三枚硬币，在第三个杯子中放入剩下的四枚硬币。

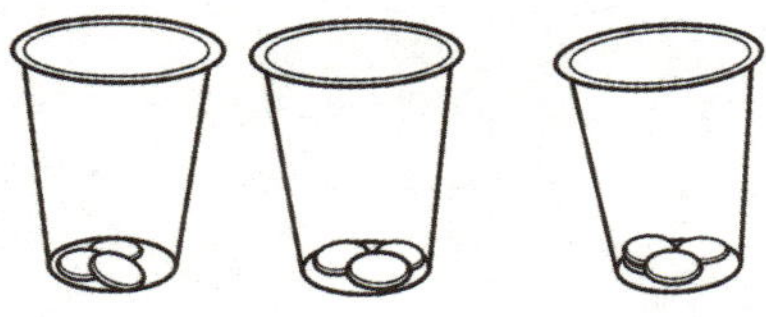

最后，如下图所示，把装有三枚硬币的一个杯子放入装有四枚硬币的杯子中，每个杯子中的硬币就都是奇数了！

如何变成五枚硬币

CREATIVE ACCOUNTING

如图所示，将八枚硬币排成两排，一排四枚，一排五枚。

向你的朋友发起挑战，在只允许移动一枚硬币的前提下将两排硬币都变成五枚。要想赢得这场游戏，如图所示，你可以从五枚硬币的这一排最右边取走一枚硬币，将其放在最左边第一枚硬币上，这样两排就都有五枚硬币了！

如何将火柴盒立在桌面上

AN OPEN-AND-SHUT CASE

如图所示，向你的朋友发起挑战，将一个空火柴盒从桌子上方丢下去，令其立在桌面上。他几乎没可能做到。

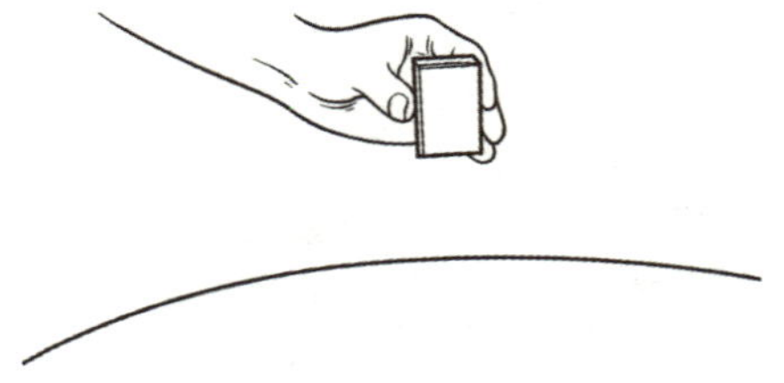

要想赢得这场游戏，如图所示，你只需要将火柴盒内匣推出一点点，然后扔下即可。火柴盒撞到桌面，内匣就会关闭，火柴盒便会立在桌面上了。

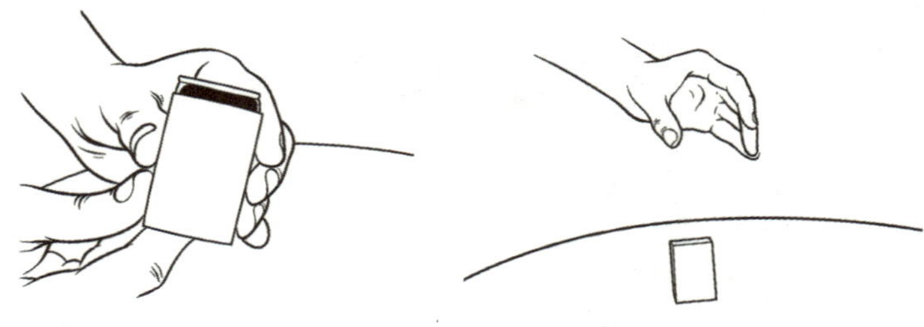

用一根吸管提起瓶子

BOTTLE STRAW, STRAW BOTTLE

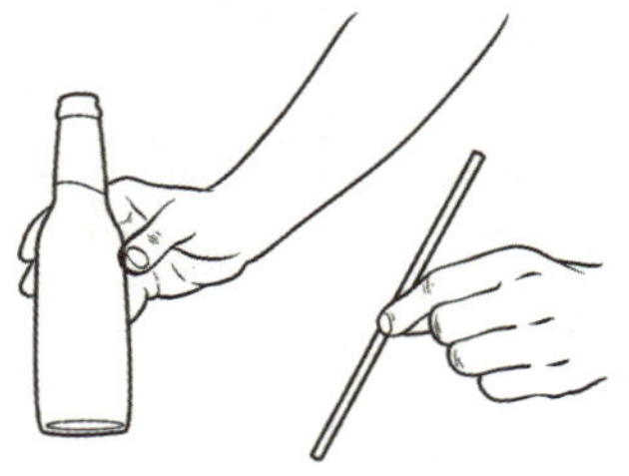

向你的朋友发起挑战，只用一根吸管提起瓶子。

赢得这个游戏的秘诀是把底部三分之一的吸管折起来，然后将其放入瓶中。

如图所示，吸管将会在瓶中展开，你只需拿着吸管的一端就可以把瓶子提起来了。

为什么这种方法会奏效呢？因为瓶子的重量压在了弯折的吸管上，这反而使吸管处于受力状态，变得更加坚硬、不易弯曲，你就可以用吸管提起瓶子了。

搞怪的科学

10 个用理化知识玩的小游戏

GETTING GEEKY

TEN WAYS TO WIN WITH ESPECIALLY SNEAKY SCIENCE

令人惊奇的科学趣闻

☆ 一茶匙量的中子星重达 60 亿吨。

☆ 以光速到达最近的大星系仙女座，需要 200 万年。

☆ 如果可以去掉原子里的空间，我们整个人类将会变得只有一块方糖那么大。

☆ 宇宙大爆炸的瞬间，整个宇宙将变得只有豌豆粒大小。

☆ 你读这句话的时候，已经有 1000 万亿个来自太阳的中子穿过了你的身体。

能将两本书分开吗

A NOVEL BET

如图所示，拿两本书，逐页交叉叠在一起。向你的朋友发起挑战，让他拿着两本书的书脊使劲往外拉，将两本书分开。他不管怎么用力都会失败，你将赢得这场游戏。

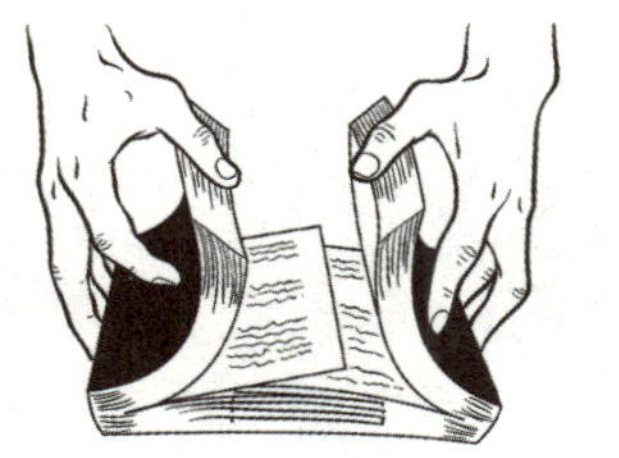

书的每一页与前后相邻的两页都有摩擦力。大多数书的纸张都非常粗糙，而且交叉纸张的总面积很大，因此会产生很大的摩擦力，要用手把两本书分开几乎不可能。但是，这仅仅是一部分原因，几年前一组法国和加拿大的物理学家发现了第二个原因。用数百本精心准备的书做完实验后，他们意识到相互交错的纸张和书脊有一个轻微的角度。这个发现很重要，因为当你尝试拉开书的时候，这些纸张会挤压在一起，这极大地增加了纸张之间的

摩擦力。

如果没有摩擦力，生活将会完全不同。首先，所有的绳结将会自动解开；汽车将会保持静止，因为汽车轮胎无法抓地；所有的东西都会从你手中滑落。不仅如此，你走路还会非常慢，而且很危险，站到最平缓的斜坡上也将会危险重重。从积极的一面来看，飞行将变得非常非常便宜，因为减少空气摩擦会降低油耗，但飞机降落后会无法停下来。

平衡实验

A BALANCING ACT

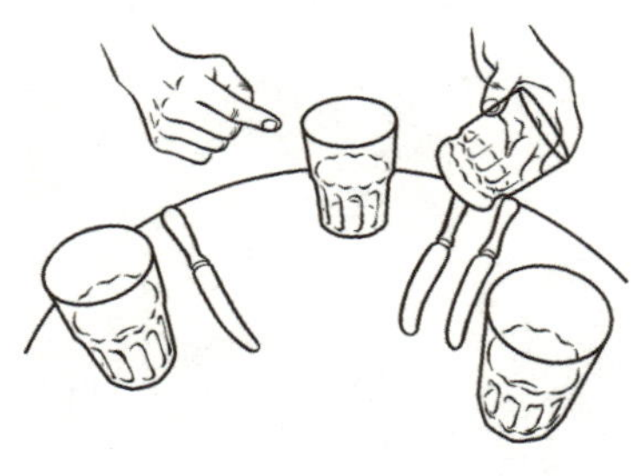

如图所示，这次打赌需要四个玻璃杯和三把餐刀。将三个玻璃杯摆成一个三角形，然后向你的朋友发起挑战，让他将三把餐刀稳稳地放在三个杯子上，令其可以支撑第四个玻璃杯的重量。

为了赢得这次挑战，你需要将第一把和第二把餐刀如右图所示摆放……

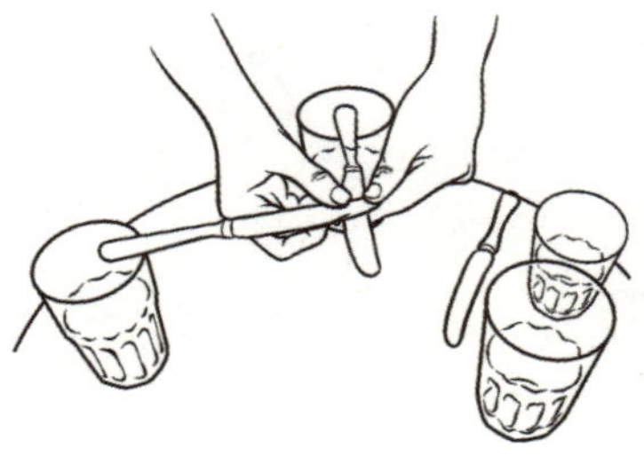

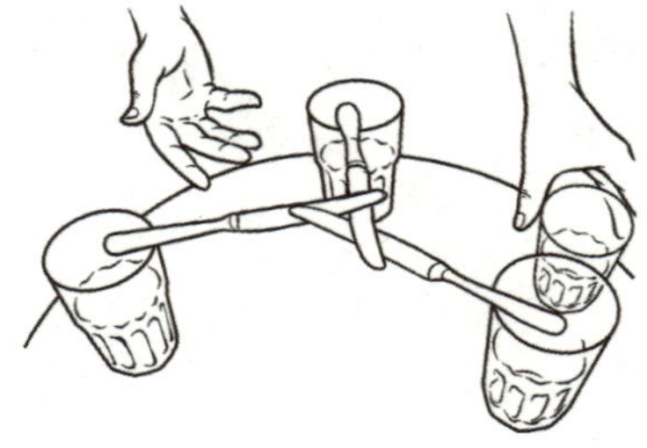

……然后把第三把餐刀放在第一把餐刀的下面、第二把餐刀的上面。

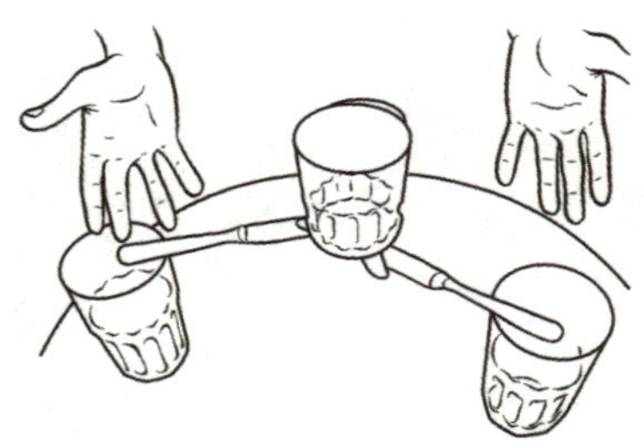

三把餐刀将会形成坚固的平台，第四个玻璃杯就可以稳稳地放在上面了！

如何把笔套吹入瓶中

BLOW IN, BLOW OUT

如图所示，这个游戏需要一个瓶子和一个笔套。

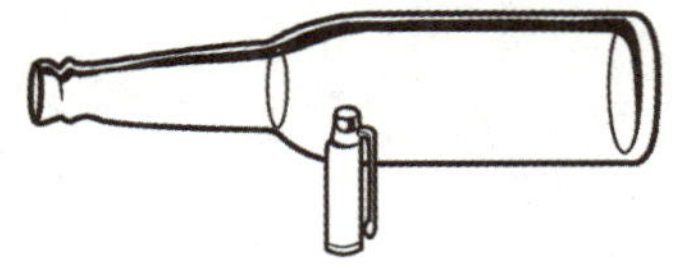

将笔套放在瓶颈处，使笔套的开口处指向瓶底。

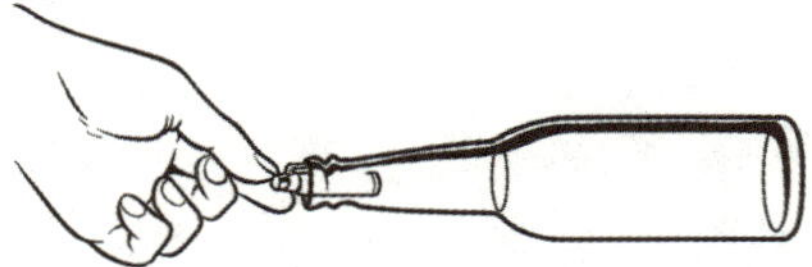

让你的朋友把笔套吹入瓶中。但他们向瓶里吹气，笔套将会飞出。

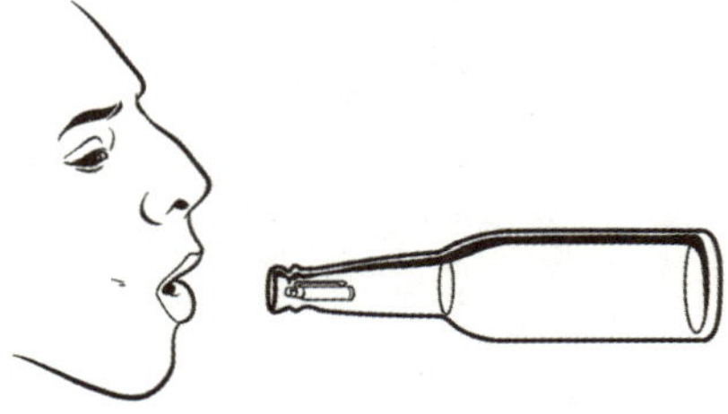

当你向瓶中吹气时，空气会在笔套周围流动，迫使瓶中的空气流出，流出的空气会把笔套推出来。但是，如果你用塑料瓶，并且在瓶身上扎些洞，笔套就会很容易被吹入瓶中。

如何让火柴掉入杯中

PITCH PERFECT

将两根火柴放在一个玻璃杯的边缘。然后跟你的朋友打赌，在不接触物体，不吹气，也不敲打桌面的情况下，让火柴掉入杯中。

要想赢得比赛，需再拿一个玻璃杯，挨着第一个玻璃杯放置，把手指弄湿，摩擦第二个玻璃杯直到产生共振。共振发出的声音就能让火柴掉进玻璃杯中。

一定要抓稳桌子上的第二个玻璃杯。

为什么你会赢得这场游戏？如果你将一把尺子的一头放在桌子的边缘，然后敲打另一头，尺子就会按照一定的频率上下振动，因为尺子产生了共振频率。同样的道理，你的手指和玻璃杯也会

产生这样的频率。手指一开始在玻璃杯的边缘移动时，会时而顺畅、时而卡顿，等动作流畅后，玻璃杯的分子就会以固有频率[①]振动，发出“嗡嗡”的声音。声音传到第一个玻璃杯时，会让这个玻璃杯的分子移动，杯子产生振动时，火柴便会跌落。

当然，你可能感觉不到手指在玻璃杯的边缘断断续续地移动。然而，如果在玻璃杯的边缘涂上一层油，你的手指会移动得更快，玻璃杯却不会发出声音。不过，如果你在手指上涂一些醋，把手指上的脏物或者油去掉，则会更容易发出声音。

19 世纪，人们利用共振产生的奇怪声音创造出了一种不同寻常的乐器，叫作玻璃琴。音乐家摩擦调试过音调的玻璃碗，会奏出不同的音，而绝大多数人都觉得这种乐器发出的怪异声响会致人发疯。后来发现，音乐家使用了一种含铅的有毒颜料标记音符，他们在演奏乐器的时候会舔手指，这样就将有毒的颜料吞了下去。如此说来，这种噪声确实会让人“心烦意乱”。

① 物体做自由振动时，其位移随着时间按正弦或余弦规律变化，振动的频率与初始条件无关，而仅与系统的固有特性（如质量、形状、材质等）有关。——译者注

指尖控制术

FINGERTIP CONTROL

这个游戏需要两把叉子、一根火柴。然后你就可以跟你的朋友打赌了，说你用指尖就能让这三样东西保持平衡。如果他们接受挑战，你只需如图所示，小心翼翼地将火柴横着插入两把叉子。

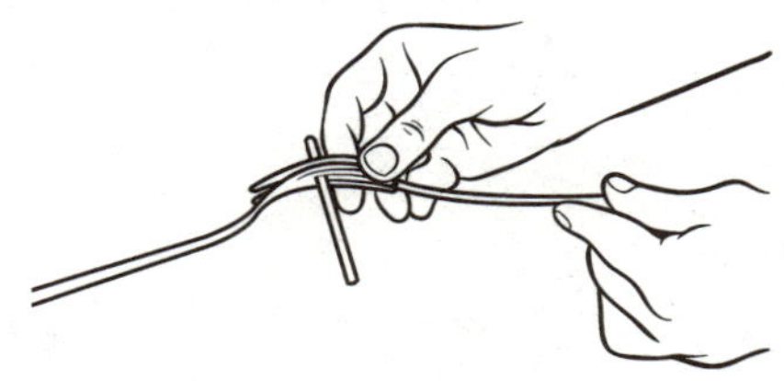

虽然看起来似乎不大可能，不过按照图例所示的方法，你肯定可以将叉子和火柴稳稳当当地放在指尖上。

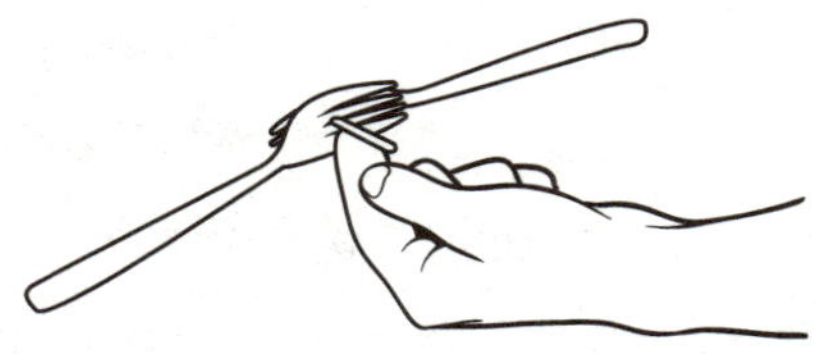

神奇的静电

COMPLETELY STATIC

跟你的朋友打赌，说你可以将一根吸管放在瓶子上，在不接触吸管也不吹气的情况下让吸管转动。

如果他们怎么也没办法做到，你就可以出手了。将吸管在衬衣上摩擦，然后放在瓶口，你用手指挨着吸管，吸管就会突然转动起来！

为什么这种办法会管用？大部分物体都具备“电中性”的特征，也就是说它们的正负电的电荷量是相同的。你在衣服上摩擦吸管时，吸管就会带上负电。这时候你再让手指靠近带有负电的吸管，手指上的负电就会被驱散而带上正电。不同的电荷互相吸

引，所以吸管就会朝着手指的方向移动。

许多通灵者都会利用这种现象移动物体，让人觉得他们具有念力。也许你也可以在朋友面前“显摆”自己有特异功能。要是人家信以为真了，那你可以问问他们有没有兴趣为你举行一个狂热的崇拜仪式。

图钉能扎破气球吗

BED OF NAILS

跟你的朋友打赌，说你能将一个吹满气的气球放在翻转过来的图钉上而不会爆炸。

要想赢得这场游戏，你需要在桌子上放上20枚左右的图钉，令人称奇的是，气球从图钉上推过去也不会被扎破。

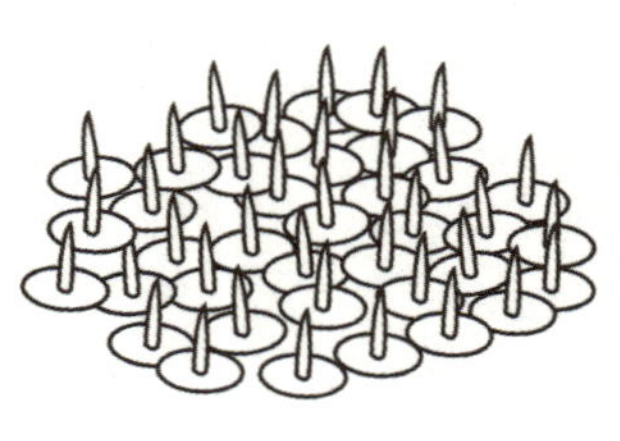

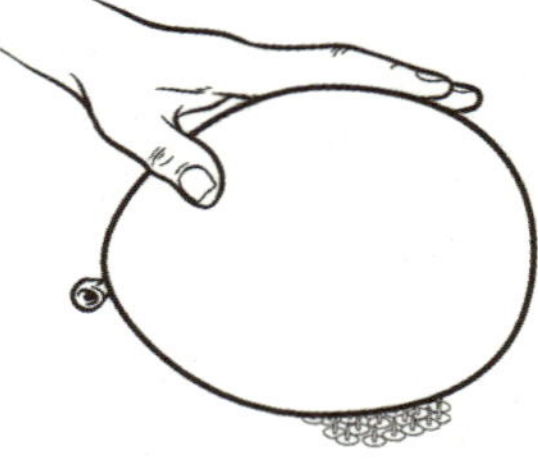

如果只有一枚图钉，图钉尖端会承受整个气球的重量，产生的压力很容易就能将气球扎破。不过，如果将气球放在这么多图钉上，单个图钉产生的压力就不足以扎破气球了。

如何判断哪节电池有电

FULLY CHARGED

拿出一节没有电的电池和一节满电的电池，跟朋友打赌，在不将电池放在电器里的前提下判断电池是否有电。

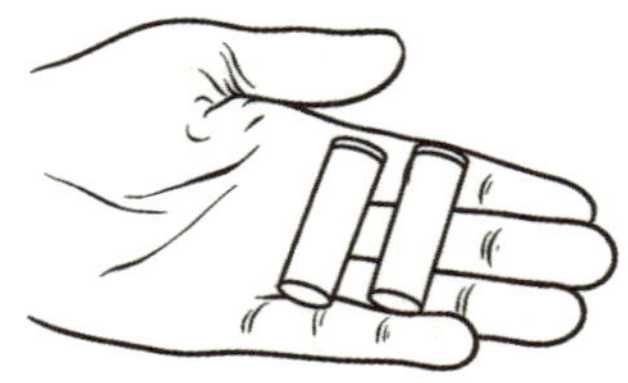

要想赢得这场游戏，可以在桌面上方松开手，让电池落在桌子上，较之满电的电池，空电池反弹的高度要高得多。

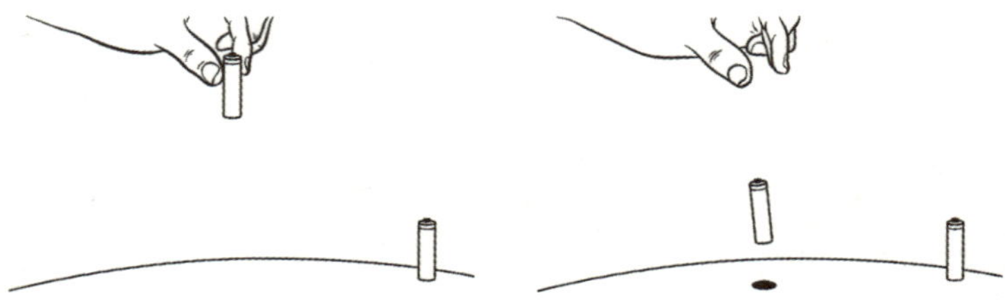

普林斯顿大学有研究者发现，这种奇怪的现象是由电池放电的方式造成的。一节新电池的内部由锌包裹着铜芯，电池使用一段时间后，锌会慢慢变成氧化锌，组成氧化锌的粒子之间会形成“桥梁”，类似弹簧，有了弹性后，用过的电池自然就会跳得更高。

叠杯子的游戏

A TRICKY TOWER

这场游戏要用到三个直边玻璃杯。向你的朋友发起挑战，让他将一个杯子叠在另一个杯子的边缘，让三个杯子保持平衡。

要赢得这场游戏，你如图所示把杯子叠起来就行。

只能变成两块的纸巾

THE HAPPENING NAPKIN

拿出一张纸巾，在左边撕一道小口子，确保开口离纸巾底端有半英寸左右的距离。然后在右边同样撕出一道口子，叫你的朋友抓住纸巾的两个角，把纸巾分成三块。

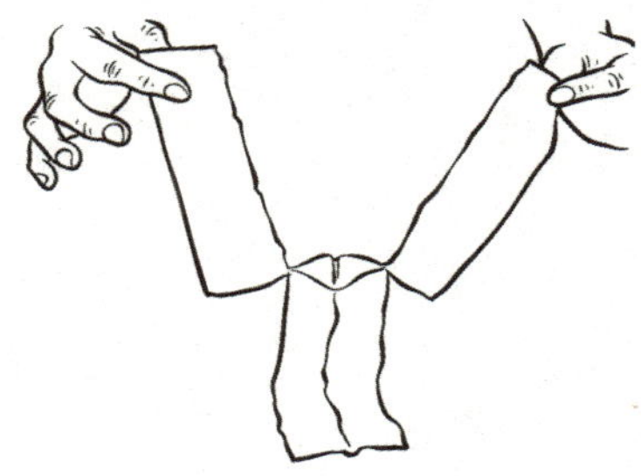

不管他们多么小心，纸巾都只会变成两块。

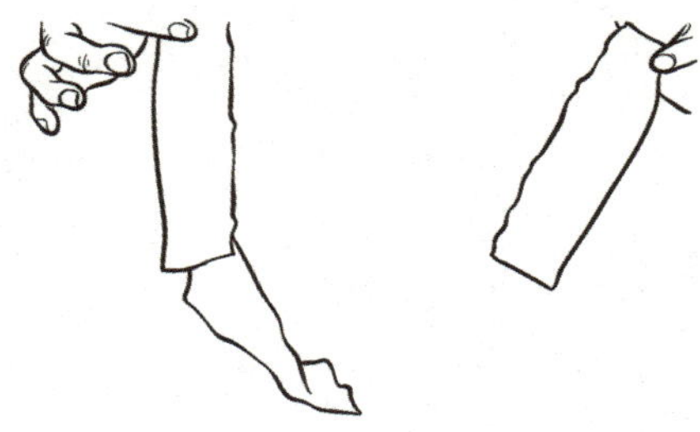

为什么会是这样的情况？因为两道撕裂的口子在长度上一定会有细微的差别，所以一边总会比另一边先撕开。如果要赢得这场游戏，需将纸巾中间的部分咬在嘴里，然后再拉两头！

百变水魔方

10 个用水玩的小游戏

WATER WORKS

TEN WAYS TO WIN WITH LIQUID

关于水的趣闻

☆ 古希腊伟大的数学家阿基米德曾经对水非常痴迷，有一次，他在洗澡的时候突然大喊着“Eureka”[①]从浴盆里跳出来，想来“Eureka”在希腊语中是“这水比看上去要凉得多”的意思吧。

① Eureka 在希腊语中是“我发现了”的意思。——译者注

☆ 酿造一品脱啤酒需要 150 升水。

☆ 1963 年，坦桑尼亚一名叫埃拉斯托 · 姆潘巴的学生发现，在某些环境下，热水结冰的速度比冷水要快！后来这种现象就以他的名字命名了，但科学家至今仍然没有找到令人信服的说法解释这种怪现象。

☆ 地球上所有的水都是 45 亿年前到 38 亿年前由彗星和小行星带来的。

☆ 从生命起源开始，地球上水的总量就没有变化过，所以任何一杯水的水分子跟恐龙当年喝的水的分子是一样的。

跷 跷 板

THE SEE-SAW

这场游戏需要的材料包括一节电池、一把尺子和两小杯水。如图所示，将电池放在桌面上，尺子则放在电池上，将水杯放在尺子的两端。

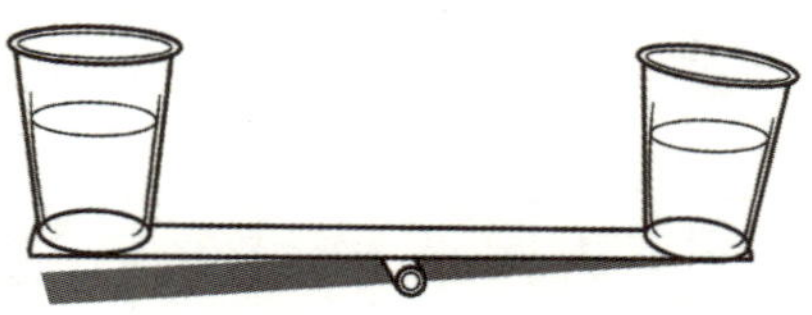

现在跟你的朋友打个赌吧，叫他让跷跷板动起来，前提是既不能接触玻璃杯，也不能接触尺子。如果想赢得这场游戏，只需将手指浸入水中，跷跷板就会动起来！

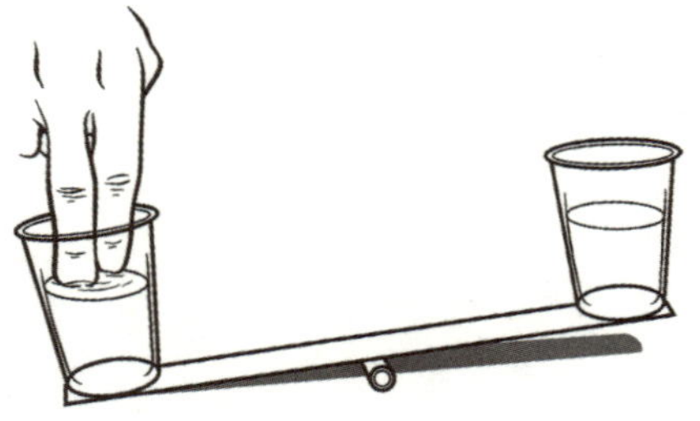

当你让手指没入水中时，杯子里的水就会上升，水越高，对杯底的压力就会越大。手指浸入杯中时，水压也会变大，所以杯子就会倾斜。

临时手铐

INSTANT HANDCUFFS

从朋友那里借一张纸币。叫他手掌向下，放在桌子上，然后解释这个游戏先得让手背上装有液体的玻璃杯保持平衡。等他把手放好后，你就拿起那张纸币赶紧跑！

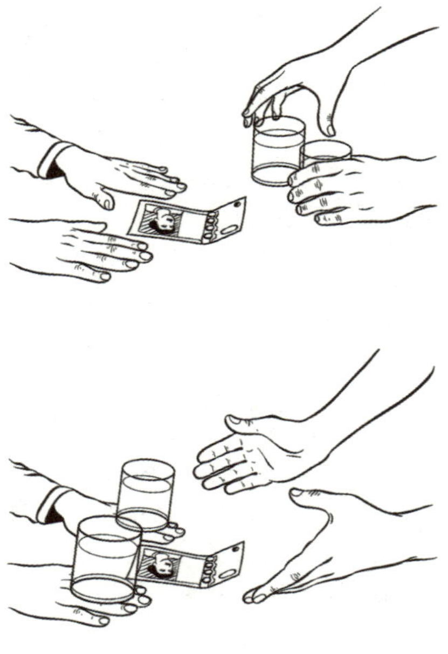

颇具传奇色彩的哈里·霍迪尼一生都在想方设法逃脱手铐、锁链和监狱。不过，几本关于这位伟大的逃脱大师的传记中写道，有一次他怎么也逃脱不了，而且原因也匪夷所思。在苏格兰旅游期间，霍迪尼被锁在一间牢房里，门是关着的，他很快打开了锁链，然后准备打开牢房门的暗锁。结果霍迪尼折腾了两小时，怎么也打不开门。他满头大汗，最后筋疲力尽地靠在门上。这时，门却突然开了，霍迪尼这才发现门一开始就没有锁！他只是被自己固有的思想缚住了手脚。

改变箭头方向

ALL CHANGE

在纸上画一个箭头，然后跟你的朋友打赌，在不接触纸的情况下改变箭头的方向。

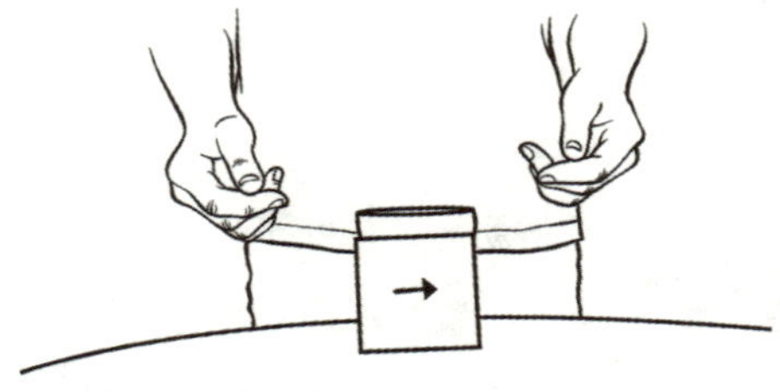

要想赢得这场游戏，只需将一杯水放在那张纸前面，箭头就会改变方向了。

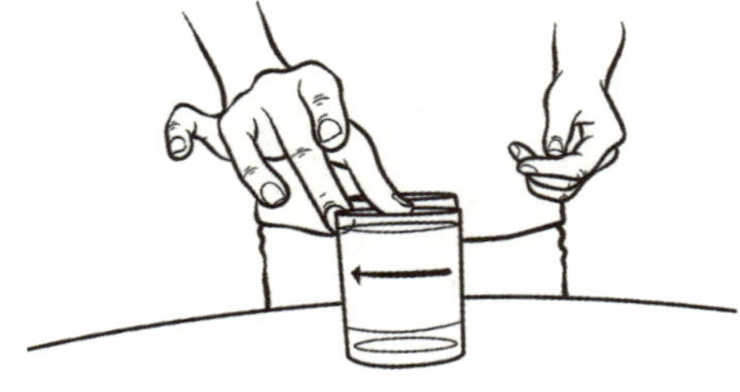

喝不到的水

THE UNDRINKABLE DRINK

告诉你的朋友，你将一杯水放在桌子上，他们怎么也喝不到。要想赢得这场游戏，你需要将一块薄薄的纸放在水杯上，然后小心地将杯子翻转过来（不要让纸片掉下来）。

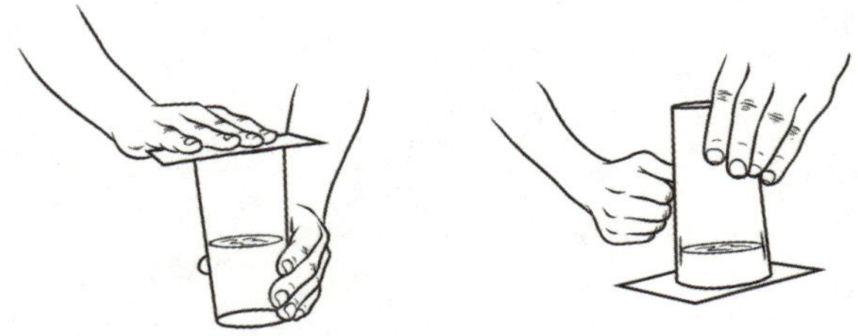

接下来，你再把翻转过来的杯子放在桌面上，然后小心翼翼地把纸片抽走。这样你的朋友就喝不到水了，他们只要端起杯子，水肯定会洒得到处都是！

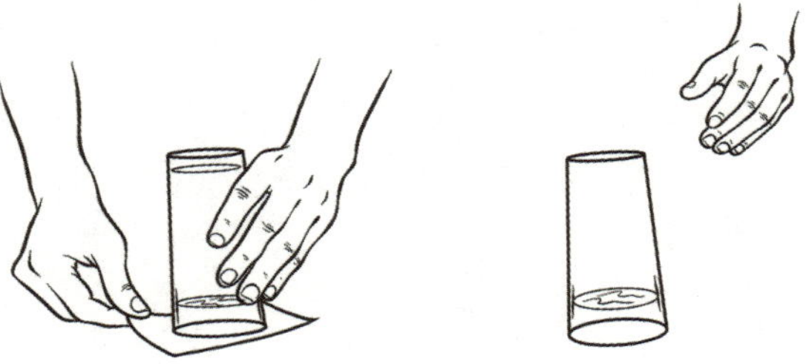

玩这场游戏的时候，用那种质地轻巧、柔韧性不错、防水的纸片效果最佳。

翻转玻璃杯的时候要按住纸片。

使用那种杯口较大、杯底较小的杯子。

这场游戏的原理跟气压有关。纸片下的空气往上施压，水的重量从上面作用于纸片。空气的压力和水的压力相互抵消，纸片就能贴住杯口了。

需要多少硬币

EVERY PENNY COUNTS

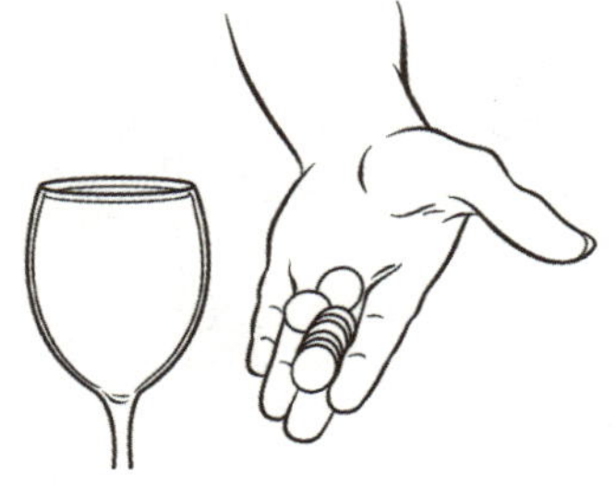

在一个葡萄酒酒杯中装满水，问你的朋友，扔多少枚硬币进去水才会溢出来。

他们可能会猜一至两枚。但结果保证让人大吃一惊，扔下至少十枚硬币，水也不会溢出来。

水表面的分子紧紧地黏附在一起，形成我们所说的表面张力。将硬币扔下去后，水会上升，在张力的作用下从边缘开始形成一个“圆顶”。不过，要是扔下去的硬币太多，表面的张力就会支

撑不住，这时水就会从玻璃杯中溢出。如果你在水中加入清洁剂，表面的张力就会小得多，让水从玻璃杯中溢出所需的硬币也会少很多。

吸管试验

DOWN IN ONE

将一根吸管放入瓶中，跟你的朋友说，你能将半瓶水导入杯中，前提是不移动瓶子，也不能用吸管吸。

要想赢得这场游戏，只需简单地用嘴巴对准瓶口吹气。空气的压力会迫使水从吸管中流到杯中！

1888年，美国人马尔温·切斯特·斯通发明了现代吸管。斯通用纸包住铅笔，再将铅笔拿掉，用胶水粘住纸。早年的吸管大概八英寸长，管子很窄，跟现代的鸡尾酒吸管类似。斯通的这个

简单的发明为人们的生活提供了极大的便利，因为吸管可以避免酸性饮料直接同牙齿接触，可以很好地降低蛀牙的风险。

跟19世纪许多工业家不同，斯通非常关心工人的福祉。他为工人准备了藏书颇丰的图书馆，也准备了音乐室和舞厅，还为华盛顿的非洲裔美国人建造了廉租房。

平衡易拉罐

IN THE CAN

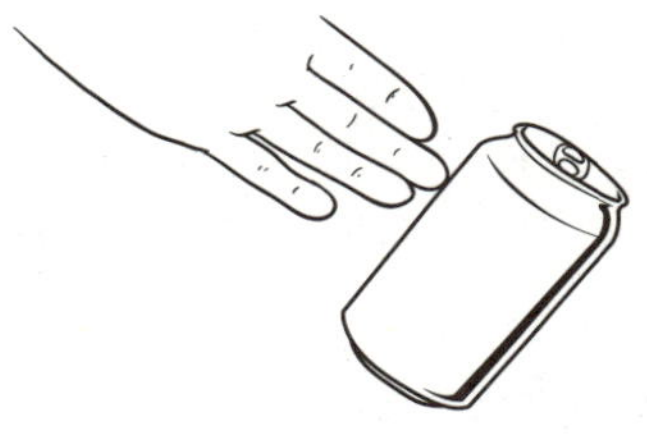

跟你的朋友打赌，说你可以将一个空易拉罐斜放在桌面上而不会倒。

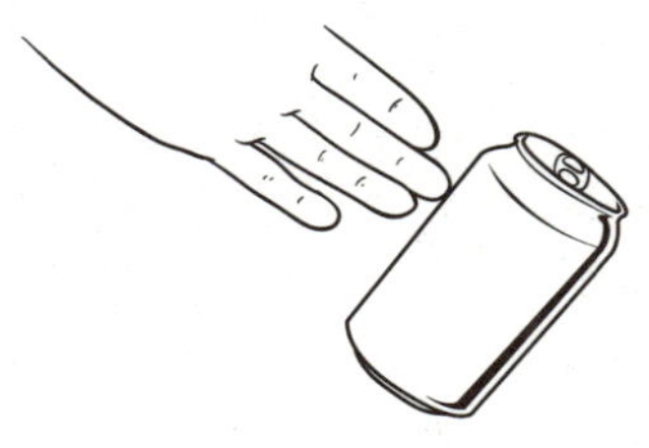

如果你的朋友接受了挑战，你就可以在易拉罐中倒入大约100毫升的水，这样斜放也不会倒了。事实上，如果你轻轻地推一下易拉罐，它还会以边缘为支点，在桌面上滚动呢。

如果易拉罐里盛有液体，那么该物体的重心大概在液体的中心位置。所以，如果易拉罐中装了很多液体，那么重心就在相对较高的地方。如果你把易拉罐斜放在桌面上，重心跟接触桌面的边缘肯定不在同一个水平线上，罐子就会倒。不过，如果你将易拉罐中的水倒出一些，整个易拉罐的重心也

就降低了，随着水越倒越多，易拉罐的重心可能正好在跟桌面接触的边缘的上方，这样，易拉罐在某个适当的角度就能保持平衡了。

不可思议的浮力

A FANTASTIC FLOTATION

在玻璃杯中倒满水，跟你的朋友打个赌，说你能让回形针浮在水面上。但是，他们每次将回形针放在玻璃杯中，回形针都会沉入水底。

要想赢得这场游戏，需要将回形针的内环折 90 度，再将另一枚回形针如图所示放在“L”形臂上。

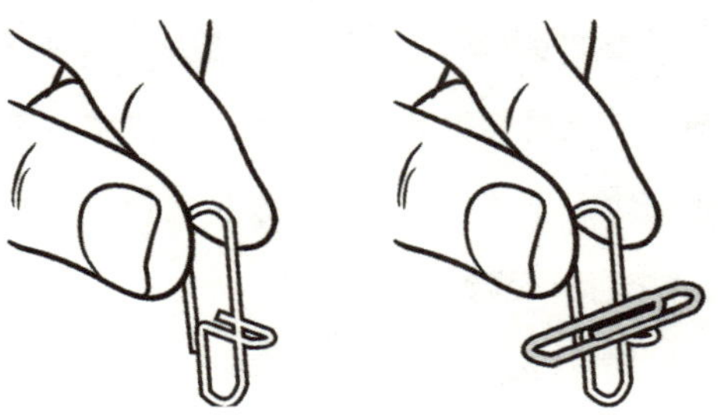

最后一步，将这两个回形针小心翼翼地放在水面上。神奇的一幕发生了，回形针还真会浮在水面上。

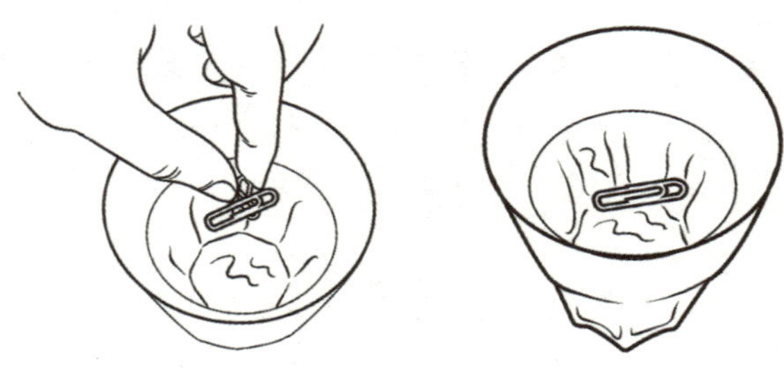

你之所以能够赢得这个游戏，是因为水分子有很强的张力，能在表面形成一层薄薄的膜。这层膜能支撑质量很轻的物体，前提是这种物体不会破坏水表面的张力。如果你用手把回形针放进水里，手指上的油就会破坏水表面的张力。但是，捏住回形针的“L”臂放进去就不会破坏张力了。

就算你的朋友知道如何将回形针放进去，你想赢得这场游戏也不是什么难事，只需偷偷地在水里加入一滴洗手液。洗手液会破坏水表面的张力，不管你如何小心地将回形针放进去，混有洗手液的水都无法支撑回形针。

纸巾不湿的秘密

THE DIVING BELL

将一张纸巾揉皱，放在玻璃杯下面，确保纸巾贴在玻璃杯的内侧。这样如果玻璃杯翻转过来，纸巾就不会掉出来了。好啦，现在就可以跟你的朋友说，你可以让玻璃杯完全没入水中，而且还不会把纸巾弄湿。

要想赢得这场游戏，你先如图所示把玻璃杯放入一个盛满水的大碗中。空气的压力会阻止水进入玻璃杯，纸巾自然就不会湿了。

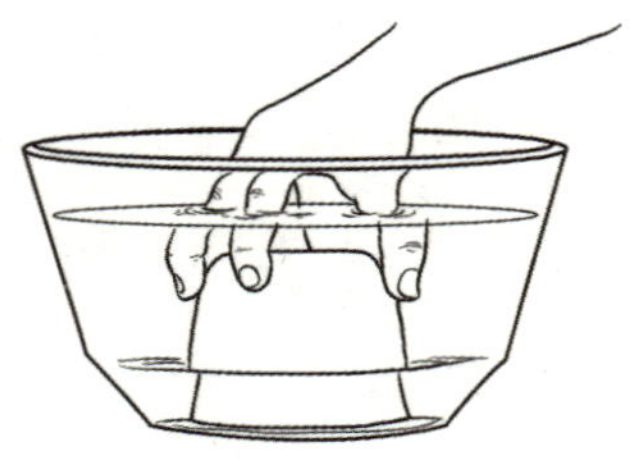

如何倒满半杯水

HALF FULL OR HALF EMPTY?

在一个圆柱形玻璃杯中倒入四分之三杯的水。然后向你的朋友发起挑战，你可以将杯中的水倒出一些，剩下的水恰好是半杯。

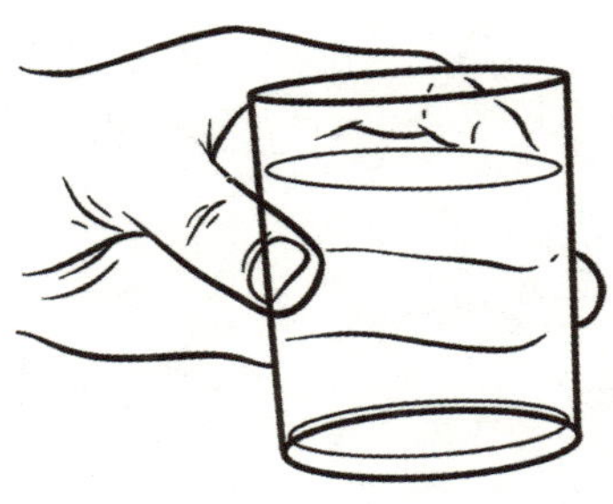

要想赢得这场游戏，你倒水的时候，看到玻璃杯的边缘和杯底正好在一条直线上就可以了，剩下的水正好是半杯。

有趣的厨房

10个用食物玩的小游戏

KITCHEN CAPERS

TEN WAYS TO WIN WITH FOOD

有关食物的趣闻

☆ 蜂蜜的味道不错，不过，蜂蜜的成分其实是花蜜和蜜蜂的呕吐物。

☆ 世界上一共有 7000 多种苹果，如果你每天吃一种苹果，把所有的苹果吃完需要 20 年。

☆ 糖果上闪亮的糖衣其实是用亚洲一种昆虫的排泄物制成的。

☆ 大约在 250 年，玛雅人和阿兹特克人曾用可可豆作为货币。

☆ 有考古证据显示，人类喝的第一份汤大约出现在公元前 6000 年，是用河马做的。

折断意大利面

THE GREAT SPAGHETTI CHALLENGE

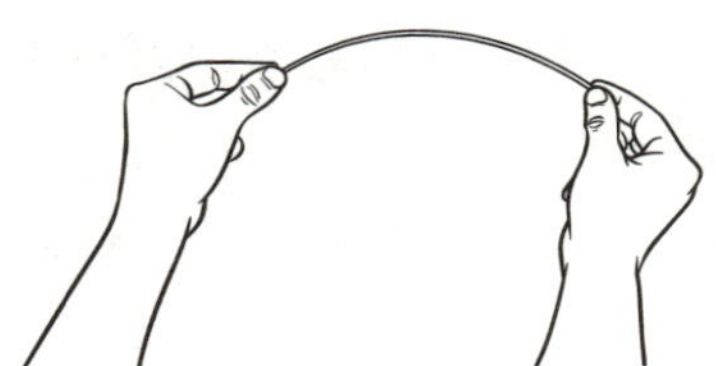

叫人如图所示捏住一根没有煮过的意大利面的两头。

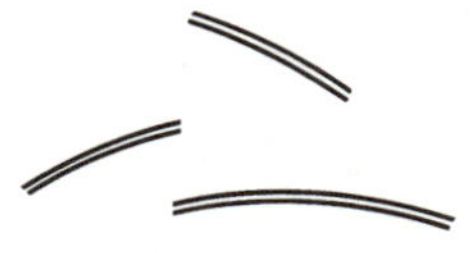

跟朋友打赌，让他将意大利面折成两节。听起来很简单，但他发现怎么折也不止两节，你能轻松赢得这场游戏。

这个游戏让不少聪明的人也百思不得其解，其中就包括喜欢弹奏邦戈鼓（bongo）的科学家理查德·费曼。2005 年，两位法国物理学家用高速摄像机解决了这个神秘的难题，他们用了很多方程式进行计算，当然也用了不少意大利面。他们在一份名为《碎片破解法：为什么意大利面不能一分为二》的报告中解释说，第一次折断意大利面的时候，会迅速产生一股冲击波，这股冲击波会作用在两根折断的意大利面上，导致意大利面再次折断。

橙子骗局

ORANGE DELIGHT

这个游戏需要的材料包括一个玻璃杯、一个橙子。将玻璃杯放在桌面上，然后就可以跟你的朋友打赌了，问他们能不能把橙子稳稳地放在玻璃杯上面。

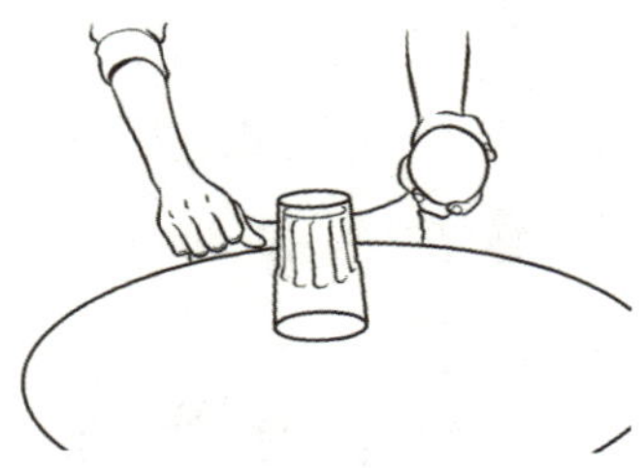

如果他们这样放置……

你大可告诉他赢得游戏的是你，因为他们只是把橙子放在了玻璃杯下面。

从杯中拿出冰块

THE PERFECT ICEBREAKER

先将一块冰放在水中，然后跟你的朋友打赌，让他用一根线把冰块弄出来。

要想赢得这场游戏，先将线的末端放在冰块上，在上面撒一些盐。大约等一分钟后，你就可以用这根线把冰块拎出来了。

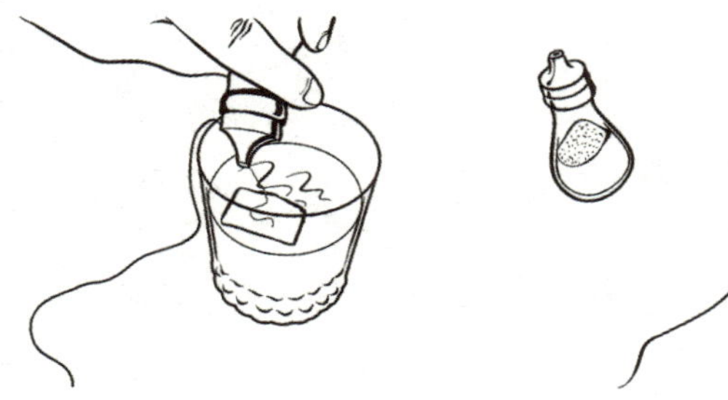

盐会降低水的凝固点。“可到底是怎么降低的呢？”我想你一定会问这个问题。当水呈液体状态时，水分子的移动速度会非常快，分子之间会互相排斥。水分子运动时需要能量，如果让水冷却，它们的移动速度就会减慢。如果温度很低，水分子的移动速度会变得很慢，它们之间的距离也会很近，最后会连在一起凝结成冰。如果在水里加入盐，盐分子便会进入水分子之间的连接处，这个时候需要更低的温度才能让盐水混合物结成冰。在冰块上撒上盐，凝固点也就降低了，冰会变成液态水。但是，过一段时间后，周围的冰水又会结冰，将线包在里面。

碰上冰天雪地的天气，在马路上撒盐也是这个原理。盐会降低雨雪的凝固点，这样水就不会变成冰，不会导致危险事故发生。如果温度极低（比如在零下30摄氏度），盐就没用了，只能用一种叫醋酸钠的化学物质，我们平常用这种化学物质来调味，制作醋味薯片。

神奇的蛋

EGG-STRAORDINARY

在你的朋友面前表演将蛋立起来的魔术，然后叫他们照葫芦画瓢。他们如果不知道其中的诀窍就肯定没办法做到。

表演开始前，在桌子上撒一点盐，再把蛋放在盐上，然后把大部分盐都吹走。虽然桌面上只剩了一点点盐，但那枚鸡蛋肯定能稳稳地立起来。

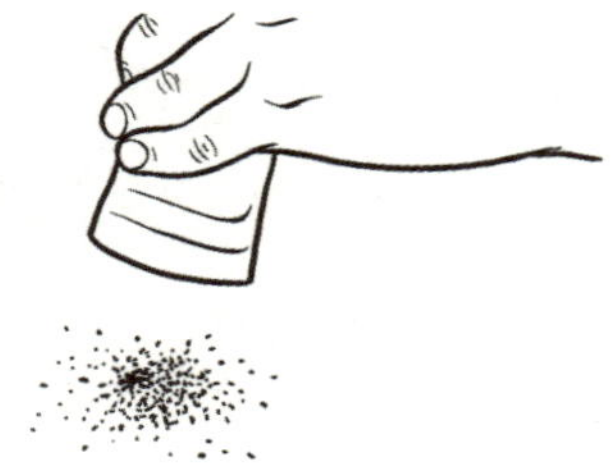

自然状态下的鸡蛋是平躺在桌面上的，因为其重心很低。但如果在桌面上撒上一点盐，下面就会有摩擦力，蛋的重心也会随之发生变化，就能够立起来了。

会动的胡椒面

RUN AWAY

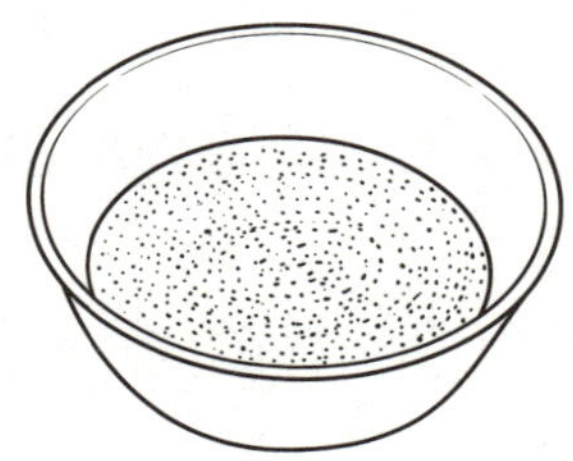

在一碗水里撒一点胡椒面，然后跟你的朋友打赌，能让胡椒面朝碗的四周移动。

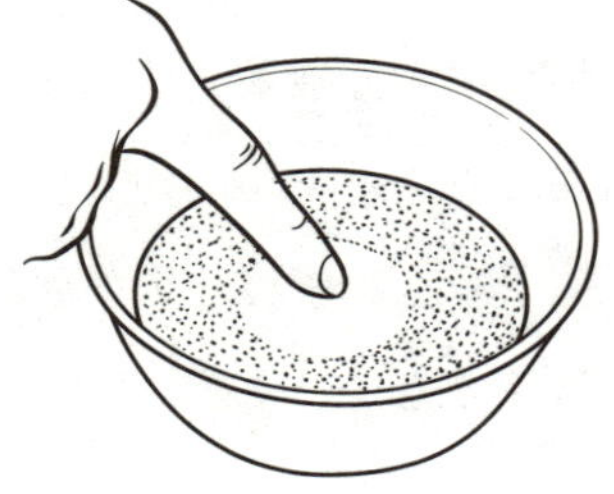

要想赢得这场游戏，只需在指尖上涂一点洗手液，然后放在水面上，胡椒面就会神奇地朝碗边移动。

表面的水分子会紧紧地黏附在一起，形成一层类似气球的膜。一旦接触洗手液，表面的张力就会被打破，跟气球用大头针一扎就破是同样的原理。这样，水分子就会往碗的四周扩散，连带着胡椒面也会往边上移动。

吸管插土豆

STRAW THROUGH POTATO

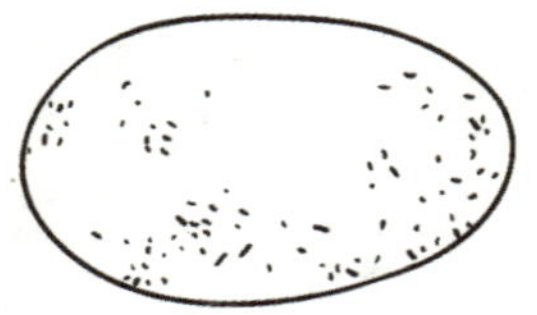

跟你的朋友打赌，说你能将塑料吸管插入土豆中。

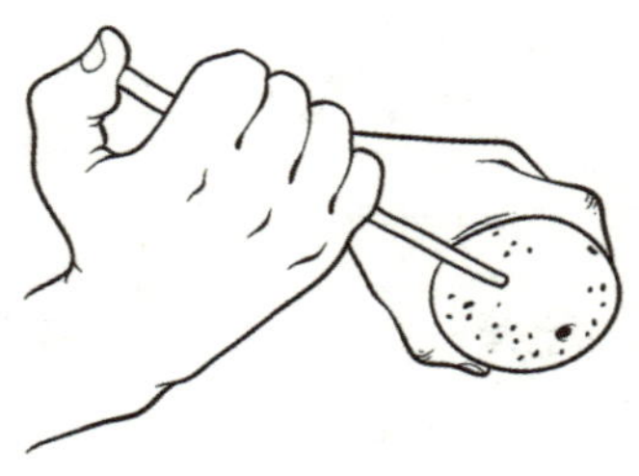

如果你的朋友接受了挑战，你就用大拇指和其他几根手指抓住土豆，手不要放在土豆后面。接下来，你用另一只手握住吸管约三分之二的位置。

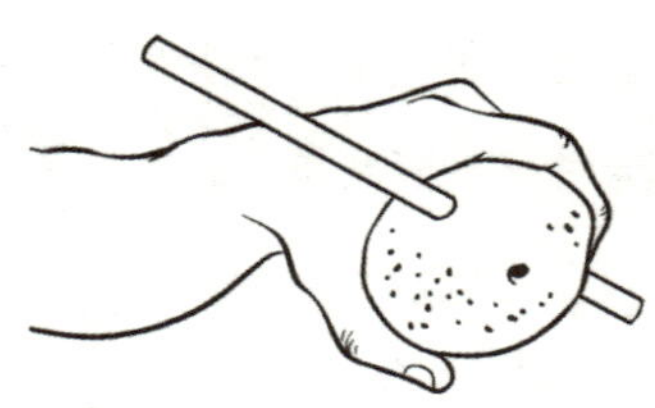

最后一步，将吸管快速从土豆较细的一端插入，你发现还真能插进去。有时候用大拇指顶住吸管的顶端，或者把吸管的一头折过来，会更管用。

塑料吸管的一头很尖，用力插入时，吸管的作用力在一个很小的区域内。不过，在戳土豆的过程中，关键是让吸管笔直插入。

挑选胡椒

PEPPER PICK-UP

将一些盐和胡椒面撒在盘子里，让两者混合起来，然后就可以跟你的朋友打赌了，说你能把胡椒面挑出来。

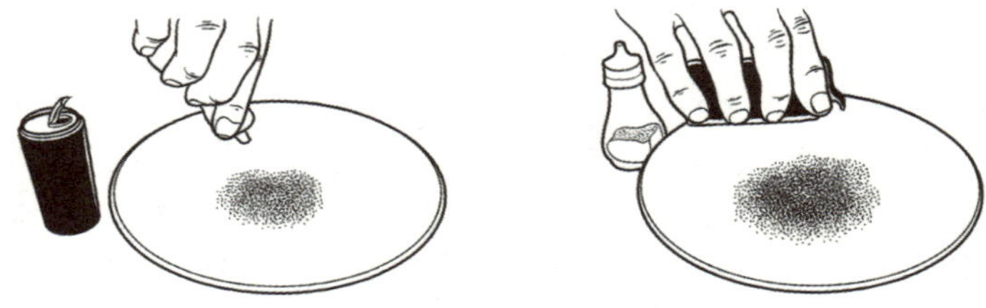

要想赢得这场游戏，只需将一个气球吹满气，在T恤或者外衣上摩擦一会儿，然后将气球放在盘子上。静电会使胡椒面吸附在气球上，盐则留在了盘子里。

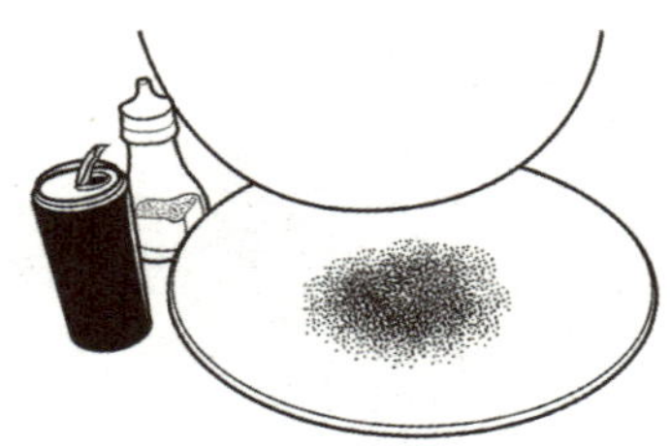

这是什么原理？得再次归功于我们的老朋友“静电先生”。将气球在外衣上摩擦时，带有负电的电荷会从外衣传到气球上，这样，气球也会带上负电。你再让气球靠近盐和胡椒面，气球上的负电粒子会驱散盐和胡椒面上的负电粒子（同种电荷相排斥，异种电荷相吸引），这样，盐和胡椒面就只剩下正电荷了。然后带有正电的盐和胡椒面就会被带有负电的气球吸引。但是，盐的颗粒相对较重，很难吸附上去，所以较轻的胡椒面就会轻松地黏附在气球上。

如何把圣女果弄出来

BLOW ON MY CHERRY

将一枚圣女果放在一个红酒杯中，向你的朋友发起挑战，在不接触圣女果或者玻璃杯的情况下把果子弄出来。

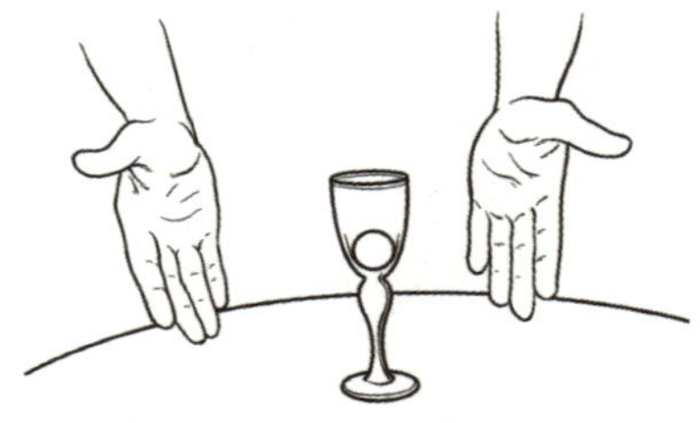

要想赢得这个游戏，你只需对着玻璃杯使劲吹，圣女果就会跳出来。

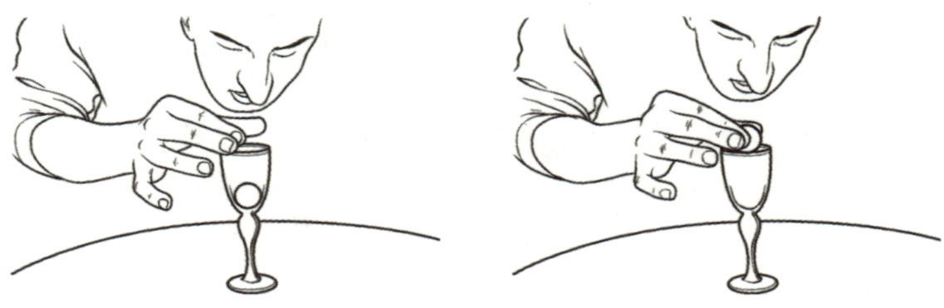

赢得这个游戏的诀窍就在于空气压力。因为红酒杯是锥形的，你往红酒杯中吹气时，杯底的压力会上升。吹到杯底的空气会往外跑，快速流动的空气就会把圣女果从玻璃杯中带出来。

旋转的圣女果

IN A SPIN

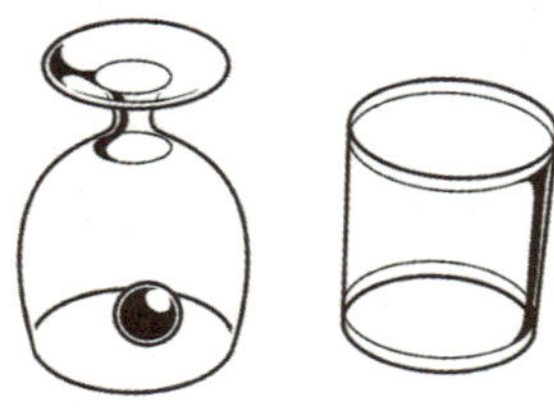

这场游戏需要一个白兰地酒杯、一颗圣女果，以及另一个玻璃杯。将白兰地酒杯倒过来，罩在圣女果上。现在，向你的朋友发起挑战，让他们将圣女果移到另一个杯中，但只能抓住白兰地酒杯的杯底。

要想赢得这场游戏，你先抓住白兰地酒杯的杯底，稍微拿起来，然后飞快地转动杯子，如果杯子转动的速度够快，圣女果就会贴在杯子的内侧。

神奇的一幕发生了，圣女果也会飞快地在白兰地酒杯的内侧转动，这时，你就可以拿起酒杯移到第二个玻璃杯的上方。最后，停止转动白兰地酒杯，圣女果就会落入第二个杯中。

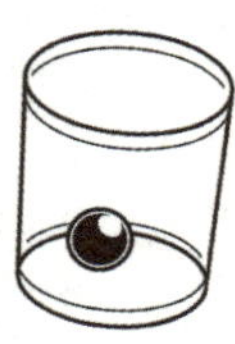

你可以向朋友提问，为什么你会赢得这场游戏，他们八成会说离心力什么的。不过，他们错了。事实上，并不是所有的物理学家都对“离心力”（在拉丁语中，这个词是“从中心逃离”的意思）这个术语感冒，有人觉得应该废除这个词。根据牛顿的运动定律，圣女果是在“向心力”的作用下旋转的，明白了吧。

浮在硬币上的柠檬

LEMON-AID

将一个柠檬放在水里。接下来，向你的朋友发起挑战，要他们从口袋里掏出一枚硬币，放在柠檬上。

跟他们说，如果硬币掉到水里就归你了。听起来很简单，但无论他们怎么折腾，就是没办法把硬币放在柠檬上，柠檬每次都会滚动，硬币也会掉进水里。

柠檬富含维生素 C，可以预防坏血病。1849 年，在加利福尼亚淘金潮期间，对柠檬的需求达到了顶峰。当时为了预防坏血病，营养不良的矿工愿意花大价钱买一个柠檬。结果，加利福尼亚种满了柠檬树，即便到了今天，那里跟柠檬有关的产业每年的产值也都超过 10 亿美元。

眼睛说了谎

10 个视觉错位小游戏

NOW YOU SEE IT

TEN WAYS TO WIN WITH MAGIC AND ILLUSION

与视觉有关的趣闻

☆ 视觉是人体最主要的感官，大脑有大约 30% 的神经细胞跟视觉有关，而跟触觉有关的神经细胞仅有 8%，跟听觉有关的神经细胞则只有 2%。

☆ 眼睛后面的成像其实是颠倒的，但大脑又会将其反转过来，所以你看到的外部世界才是正常的。

☆ 所有人的眼睛都有视神经达不到的盲点，你却察觉不到，因为大脑会替你做出最佳的猜测，填补眼睛里的盲点。

☆ 你的眼睛能分辨 1000 多万种颜色，却只能辨识 30 种左右的灰色。

☆ 婴儿喜欢盯着脸看，尤其喜欢像眼睛一样的物体。

它们是直线吗

LINE THEM UP

把这张图给你的朋友看，跟他们说这些横线都是直的。如果他们不相信，就用尺子证明你是对的。

这张视错觉图最早是由心理学家理查德·格雷戈里教授于20世纪70年代做出的。当时，格雷戈里在布里斯托研究视觉感知，他的团队在当地一家咖啡馆的瓷砖上看到了这个视错觉图。自那以后，这张图就被称为“咖啡墙”错觉了。

让纸币上的人笑起来

THE QUEEN IS AMUSED

告诉你的朋友，你能让纸币上的头像笑起来。如果他们接受了这个游戏，你就可以随便拿出一张上面印有头像的纸币（比如10英镑的纸钞），将纸币沿头像鼻子的中线折起来。接下来，反折纸币弄出两条折缝，这两条折缝要穿过头像的两只眼睛，这样纸币就会变得立体。

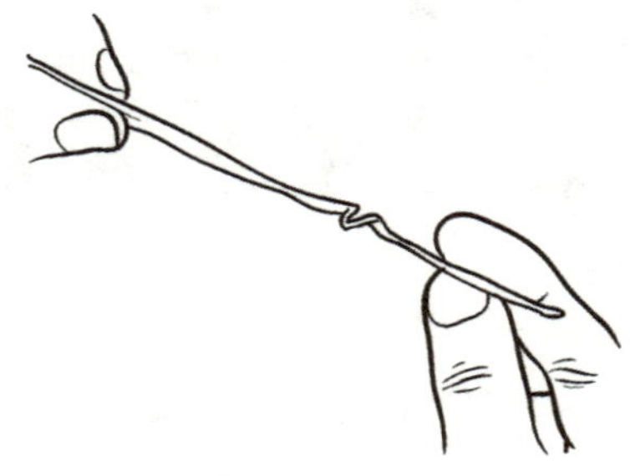

如果三条折线形成的折角冲外，上面的头像就会笑；如果折角冲着你，头像就会皱眉。

帽子戏法

THE HAT-TRICK

将一枚硬币印有头像的那面朝上，然后用帽子盖住。告诉你的朋友，你在不接触帽子的情况下可以让硬币翻转过来。跟着，你打个响指，宣布硬币已经翻转过来了。你的朋友自然会去揭帽子，看你说得对不对，这个时候你迅速伸出手，把硬币翻过来，这不就赢了？！

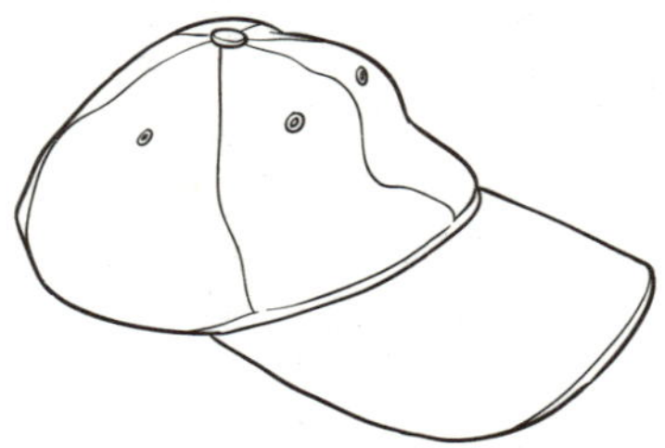

数出黑色的点

GOING DOTTY

让你的朋友看看下面的图像，叫他数出一共有多少个黑点。结果他会发现怎么也数不过来。

这种奇怪的现象是在 19 世纪末 20 世纪初被发现的，在接下来的数年时间里，教科书上一般将其归因于“视网膜怪象”，也就是所谓的“侧抑制”现象[①]**。这种解释也太复杂了。不过我们不必理会，因为最近有研究表明，这种解释根本行不通。有研究者认为，这种视错觉是视网膜里的“S1 型简单细胞”造成的，但**

① “lateral inhibition”指相近的神经细胞彼此之间发生的抑制作用。——译者注

没过几年，这种论断又被推翻了。坦白说，现在谁也不知道这种现象到底是怎么回事。如果你想出来了，那就写一张明信片，上面写道“攻破格子错觉——没错，就是那种在格子缝隙中数不清黑点的现象”，然后赶紧把它寄给离你最近的心理学院校。

丢失的纸片

THE MISSING PIECE

如图所示，将一个长方形纸片剪成五个部分。

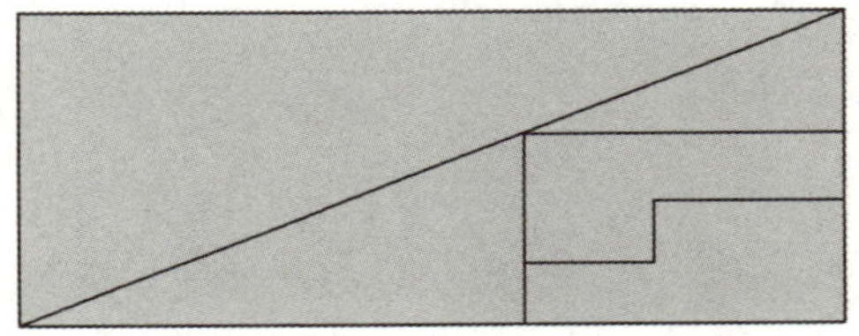

然后在你的朋友面前重新排列这五个部分，告诉他们这次有一小块碎片会神奇地消失。如果你的朋友接受了游戏，那么你只需要将两个小三角形换过来，再如图所示将另外几个部分排列好，结果有个四边形碎片果然不见了。

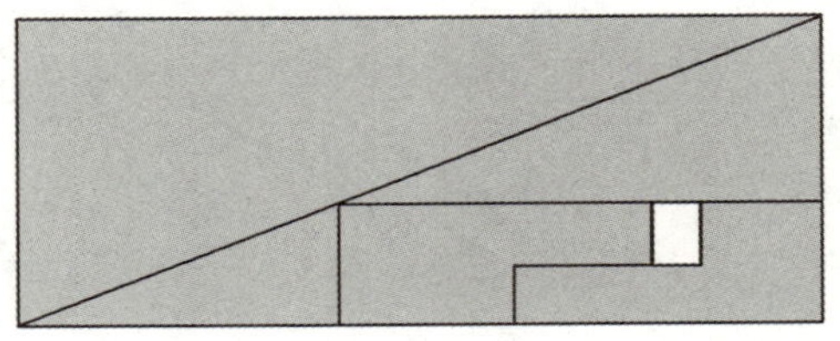

其实，第二块长方形并不规则，而这些不规则的地方加起来正好是那块不见了的四边形的面积。

酒杯的秘密

A TALL DRINK

跟你的朋友打个赌，跟他们说一品脱酒杯杯口的周长恰好是酒杯高度的两倍。如果他们不相信你，那就用绳子或者纸巾量一下，证明你是对的。

之所以会赢得这个游戏，一方面是因为我们通常容易高估物体的垂直长度，低估物体的水平长度。玻璃杯杯口的围度属于水

平长度，高度则属于垂直长度，所以，我们一般会觉得杯口比实际的情况要小，而高度却比实际的情况高。其实这也是视错觉在作祟。有研究者拍下了人们走台阶时的影像，一部分台阶的前面画出一些水平线，另一部分台阶前面则画出垂直线。画出垂直线的台阶会让人们高估每一级台阶的高度，不过这样他们就不大可能被台阶绊倒了。

找出“王后”

FIND THE QUEEN

这场游戏需要一个回形针、五张扑克牌——其中要包括一张“Q”。将这张牌放在最中间的位置，然后将牌摊开，让你的朋友看到摊开的牌，然后将牌翻转过来，叫你的朋友将回形针夹在“王后”那张牌上面。

你要按照如图所示的方式握着牌，这样，你的朋友就会把回形针夹在所有的牌上了。因为“王后”的背面跟第一张牌的正面是交叠的，你把牌翻转过来，他就会发现把回形针夹在了第一张牌上。

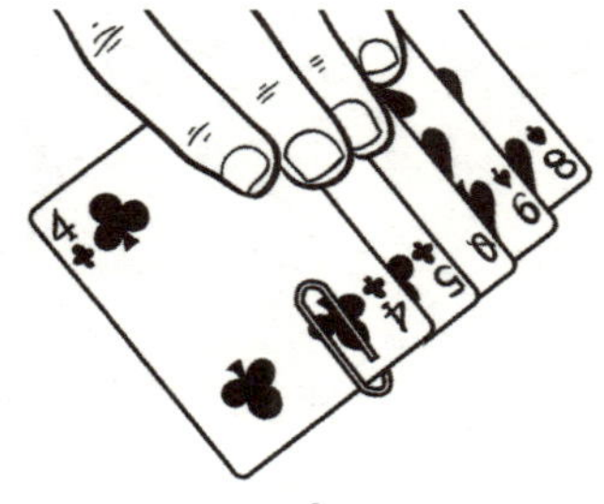

亲眼所见未必真

THE EYES HAVE IT

把下面这张图给你的朋友看，叫他们读出方框内的文字。

Quirkology, the YouTube channel that plays with with your mind.

他们可能会这样读："Quirkology, the YouTube channel that plays with your mind." 事实上，方框内的这句话有两个"with"。

如果大脑要将眼睛看到的所有东西变成有意义的东西，那脑袋得有星球那么大才行。不过，大脑会利用过去积累下来的经验下意识地"抄近路"，猜测周围的信息。比如，如果你看到一把三条腿的椅子，可能立马会想当然地认为你只是看不见第四条腿而已，因为过去见过的椅子都是四条腿。大多数情况下，你的大脑都会"走捷径"，认为一切事物都是没有瑕疵的。不过，一旦你遇见很少见过的东西，比如一句话里含有两个"with"，就突然没办法辨别真伪了。

智力游戏

MIND GAMES

跟你的朋友打赌说，你有办法让他们说出“7”这个数字。

你先问他们：“2 加 2 等于几？”

他们会回答：“4。”

你又问：“3 加 3 呢？”

他们会回答“等于 6”，然后你就说：“我赢了，你刚才说‘6’了。”

他们就会说：“可你刚才是让我说出‘7’啊。”

这下，你就真的赢了。

香槟酒杯的错觉

BOTTOMS UP

往两个香槟酒杯里倒上一半的酒。

告诉你的朋友，你能将所有的酒都倒在一个酒杯里。香槟酒杯的形状容易让人产生视错觉，杯里的酒看起来要比实际多。如果你的朋友接受挑战，只管把一个酒杯里的酒倒入另一个杯子就行了，赢下游戏的自然是你。

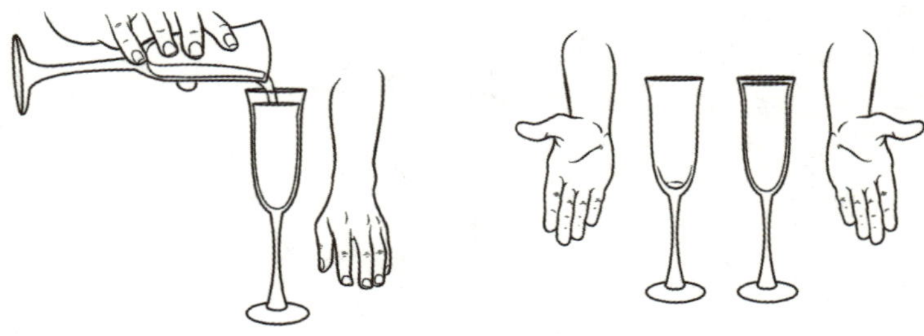

一秒变英雄

10 个用“超能力”玩的小游戏

INSTANT SUPERHERO

TEN WAYS TO WIN BY ACHIEVING THE IMPOSSIBLE

有关超级英雄的趣闻

☆ 20 世纪 40 年代的漫画书里有一位超级英雄叫绿喇嘛。他是一位虔诚的佛教徒，具有轮回转世的能力。

☆ 漫威的超级英雄“金刚狼”本来打算起名为“獾”。

☆ 绿巨人起初是灰色的。当时的印刷技术还无法持续呈现色调一致的灰色，因此，他很快被改为绿色。

☆ 蝙蝠侠的真实姓名叫布鲁斯·韦恩，灵感来源于两个历史人物——苏格兰国王罗伯特·布鲁斯和美国独立战争的将军安东尼·韦恩。

☆ 威廉·马斯顿发明了测谎仪，也创造了神奇女侠，这解释了为什么神奇女侠的黄金套索会迫使人们说出真相。

如何从明信片中爬过去

HOW TO CLIMB THROUGH A POSTCARD

跟你的朋友打赌，说你可以从明信片中爬过去。当他们答应下来后，如下图所示，把卡片对折，沿竖线剪开，确保剪完两侧竖线。

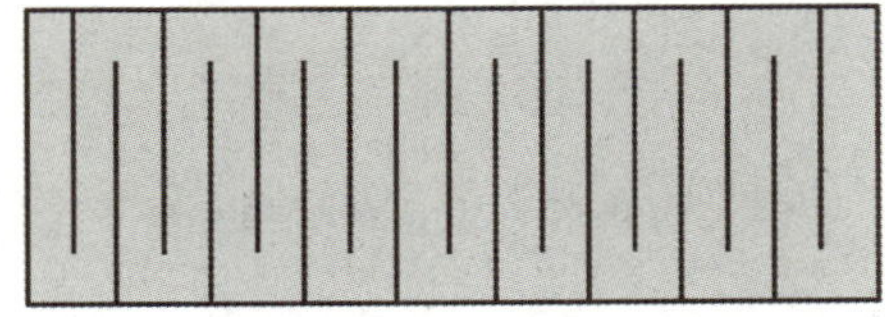

如下图所示展开明信片，沿虚线剪开，小心一点，卡片的两边不要剪断。

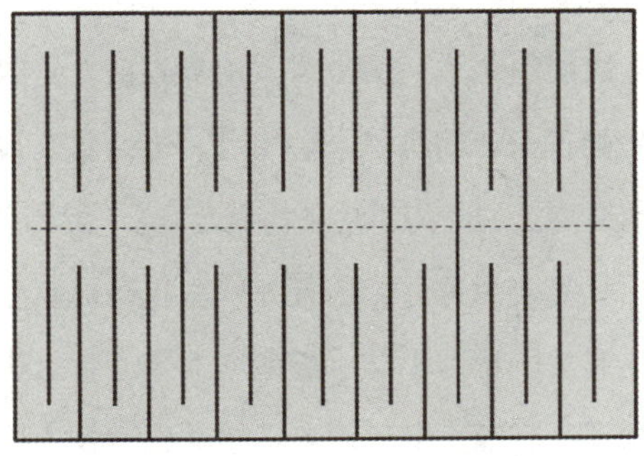

捏着明信片的左右两边小心拉开，打开以后就是一个纸环，你就可以爬过去了。

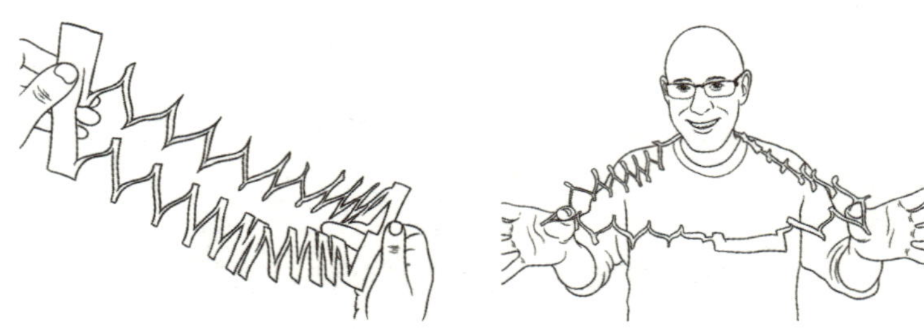

1840 年，英国人西奥多·胡克发明并寄出了世界上第一张明信片。胡克把这张明信片寄给了自己，这是一次对邮政部门的恶作剧，因为明信片上把邮政工作者画成了愚蠢的抄写员。这张具有开创意义的明信片在 2002 年以 31 750 英镑的高价被拍卖。

西奥多·胡克曾经还跟人打了一个赌，那也是整个 19 世纪最具轰动效应的赌约之一。1810 年，胡克跟朋友打赌，说他能在一周内让伦敦的任何一间房子全城知名。他的朋友接受了赌约，选了伦敦伯纳斯街上的一间小房子作为目标。

胡克发出了几百封信件，都是邮购东西到这间房子的。几天之内，来到这间房子里的小商小贩络绎不绝，包括清洁工、蛋糕烘焙师、鱼贩子、鞋匠、钢琴调音师，就连律师、牧师都来了。

接下来，他又寄出了一批信，胡克邀请了各种达官贵人来房子里喝茶，连英格兰银行行长、坎特伯雷大主教、伦敦市长都来参观拜访了。这种大规模的活动让场面混乱不堪，警察最终被叫来阻止人们参观房子。胡克从对面的房子监视了整个事件，虽然造成了一些不好的影响，但他还是很开心地赢了这场游戏。

X记号

X MARKS THE SPOT

如图所示，拿一小条硬纸板，在硬纸板的两面各标一个“X”。

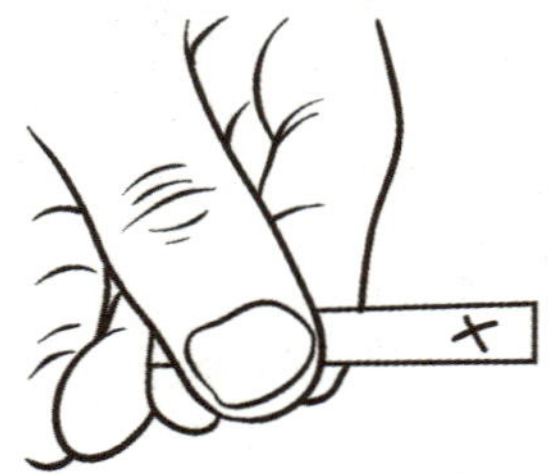

跟你的朋友打赌，将硬纸板扔在桌上，若标记X的那面朝上落在桌面上就算他赢。如图所示，在扔纸板前，将其折成L形，这样，纸板落在桌面上时，就总会以侧边接触桌面，你将赢得这场游戏。

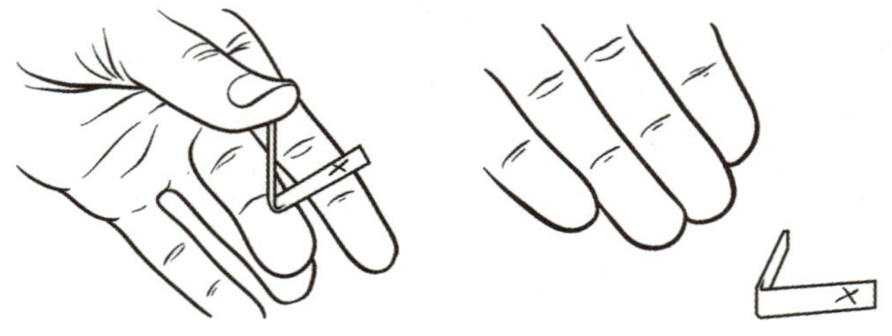

橡皮筋困局

TRAPPED

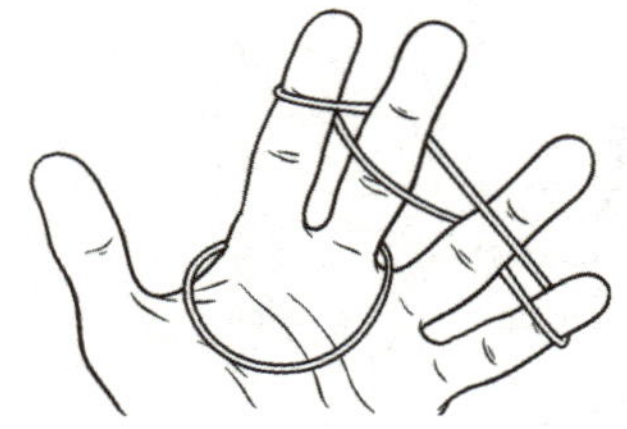

如图所示，将第一根橡皮筋套在你的食指和中指上，然后用第二根橡皮筋将你的手指连起来。

现在告诉你的朋友，在不移动第二根橡皮筋的情况下，你就能把第一根橡皮筋移到你的无名指和小拇指上。要想赢得这场游戏，你可以把第一根橡皮筋拉开……

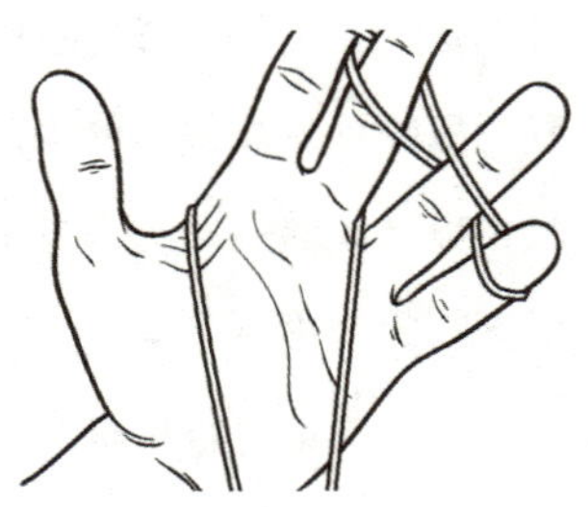

然后把你除大拇指外的四根手指塞进去，你张开手时第一根橡皮筋就会弹过来。

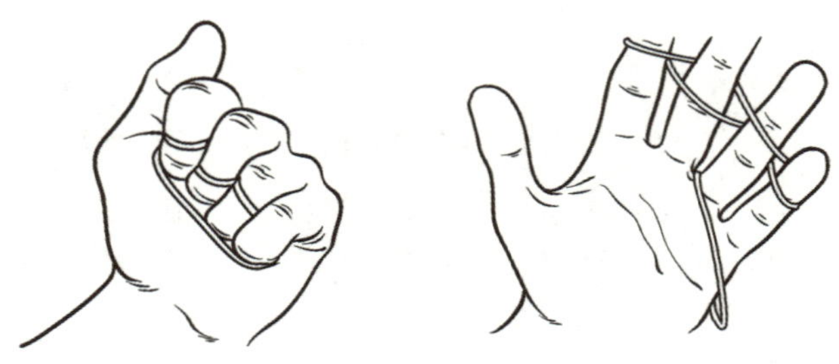

1923 年，美国人威廉·斯潘塞碰上了一件烦心事——当地的报纸是一页页的，很容易散掉，然后被风吹得满大街都是。斯潘塞把橡胶管切成圆形的橡皮筋，并说服当地的印刷商用这种橡皮筋将报纸扎起来。这个方法非常管用，斯潘塞开始在当地售卖他新发明的橡皮筋。今天，斯潘塞的公司——联合橡胶每年生产超过 600 万千克的橡皮筋。

不可思议的结

KNOT IMPOSSIBLE

如图所示，给你的朋友一根绳子或一根线，向他们发起挑战：两只手拿起绳子的两端，拿好后不能松手，用绳子打一个结。要是他们认输了，你就把绳子放在桌子上，交叉双臂，然后拿起绳子的两端，分开你的双臂，一个结就打好了。

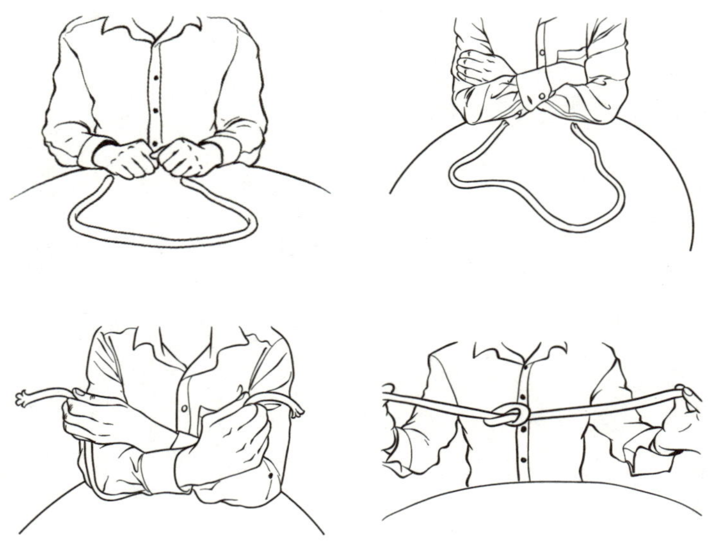

当你交叉双臂时，实际上是用胳膊打了一个结。然后，你拿起绳子的两端，绳子就成为你手臂的延伸，当你分开双臂时，手臂上的结就会转移到绳子上。

被吹开的杯子

BLOWN APART

如图所示，将一只塑料杯放在另一只塑料杯中，跟你的朋友打赌，在不接触杯子的前提下，将两只杯子分开。

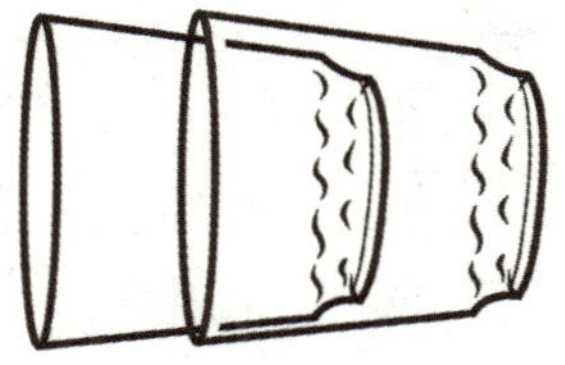

要想赢得游戏，你只需要在杯子之间吹气，两只杯子就会自动分开了。

超强的弹跳力

THE BIG HOP

在地板中间放两把椅子，告诉你的朋友你将脱掉鞋子，从“它们”上面跳过去。

要是他们答应了，你就脱下鞋子，跳过你的鞋就行了！

花生的恶作剧

MONKEYING AROUND

跟你的朋友打赌，说你要给他们看一样东西，这样东西人们之前从未见过，以后也不会再有人见到。他们答应后，你就从你的口袋里拿出一颗花生并打开它。以前从未有人见过这个花生壳里的花生。接下来，把花生扔进嘴里吃掉。现在再也没有人能见到它了！

花生不是坚果，而是一种豆科植物——一种果实长在豆荚里的植物（想想豌豆或蚕豆）。坚果长在树上，而花生长在地下。

能写出任何颜色的笔

THE PEN THAT WRITES ANY COLOUR

跟你的朋友打赌，说你有一支什么颜色都能写出来的笔。

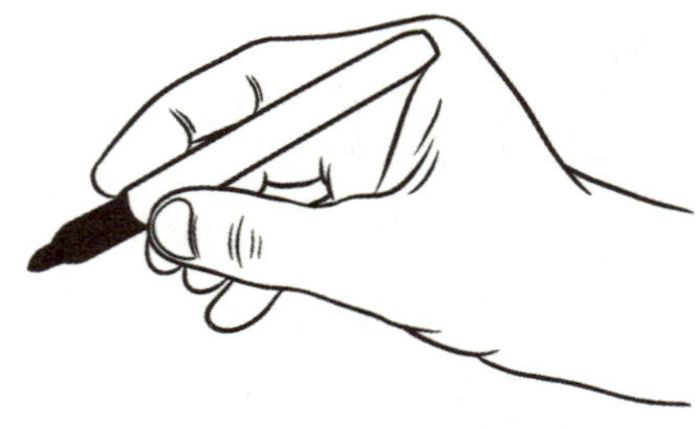

当他们答应打赌后，让他们说出一种颜色。比如他们说“红色”，你就写出“红”这个字！你的笔可以写出任何颜色，所以你又赢了！

相连的回形针

LINKED AT BIRTH

这场游戏需要一张纸币和两个回形针。

如图所示，将钞票折成“之”字形，然后像这样将回形针夹在纸币上。

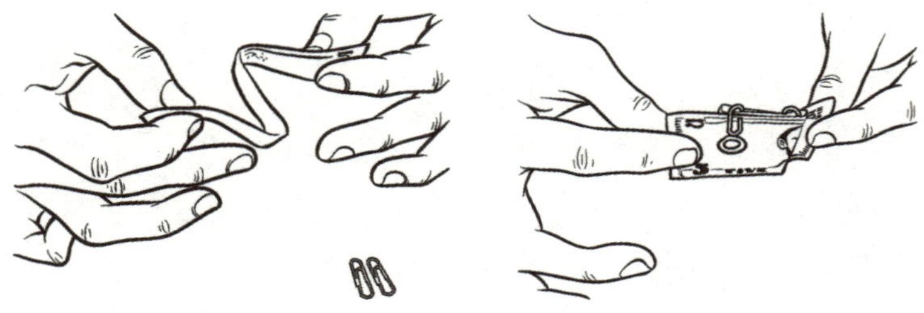

现在告诉你的朋友，你将把回形针弹掉，两个回形针落地时，它们会连在一起。你会赢得这个游戏，因为你把折叠的纸币拉开时，两个回形针会飞出去，并且连在一起落在地上。

用茶巾变出一只鸡

TEA TOWEL TO CHICKEN

问你的朋友是否可以把一条茶巾变成一只鸡。要是他们无能为力，你就将一条茶巾铺在桌面上，从两条相对的短边往中间卷……

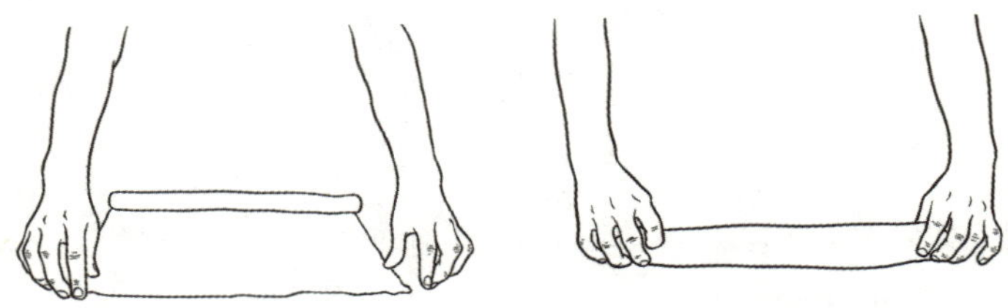

然后对折，将四个角拉出来。

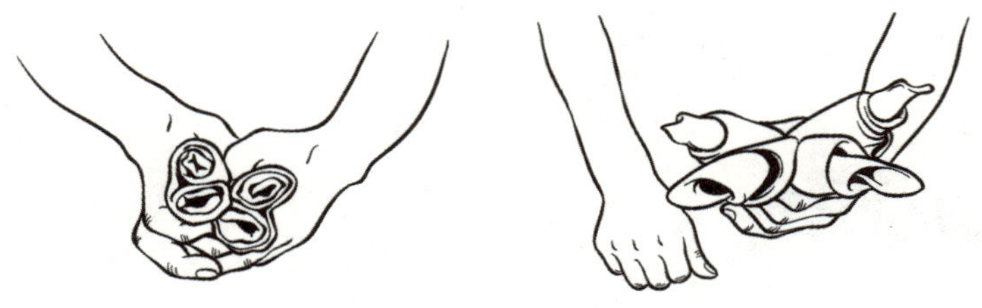

再用一只手抓住两个对角，另一只手抓住另外两个对角，使劲往外拉，瞧，这不就变出一只鸡来了！

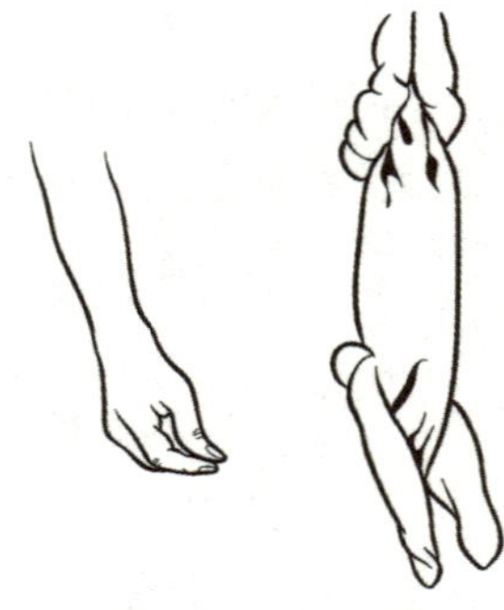

如果你的朋友看不出来这是鸡，你就告诉他们，想象力丰富的人往往非常聪明。

未成年慎入

10个“玩火”的小游戏

PLAYING WITH FIRE

TEN WAYS TO WIN WITH MATCHES AND CANDLES

与火有关的趣闻

☆ 伊拉克有一个天然气井已经持续燃烧了数千年，《旧约》中也提到过。

☆ 世界上第一个消防栓的专利证书毁于一场火灾。

☆ 美国消防站过去用螺旋楼梯，因为消防站里的马学会了爬直梯。

☆ 蜡烛浅蓝色外焰的最高温度可达 1400 摄氏度。

☆ 没有重力，热空气就不会上升。因此，宇航员在太空中点燃一支蜡烛，火焰呈球形而非椭圆形。

科学防爆炸

POP SCIENCE

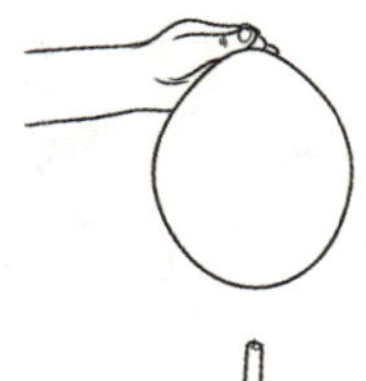

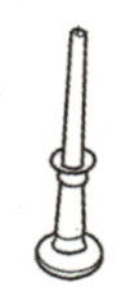

跟你的朋友打个赌，你可以将一个充气的气球放在一支燃烧的蜡烛上，气球却不会爆炸。

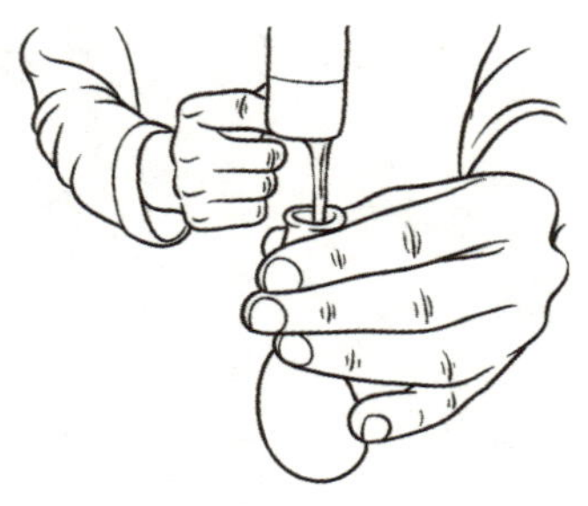

要想赢得游戏，如图所示，在气球里装一些水，再把气球吹起来扎紧，然后慢慢地将气球放在蜡烛上方。神奇的一幕发生了，气球没有爆炸！

在燃烧的蜡烛上放一个气球，热量会迅速使橡胶融化。但是，如果气球里面装一些水，那么热量会迅速转移到水里。更令人称奇的是，水加热需要大量的能量，因此很长一段时间内，它都会是冷的。冷水能让气球保持较低的温度，防止炸裂。

“水下”的火柴

HOLDING A LIT MATCH UNDER WATER

跟你的朋友说，你有办法将一根点燃的火柴放在水下，火柴也不会熄灭。如果他们接受了挑战，你只需点燃火柴，放在玻璃杯的下面。从严格意义上来说，你的确将火柴放在了“水下”。

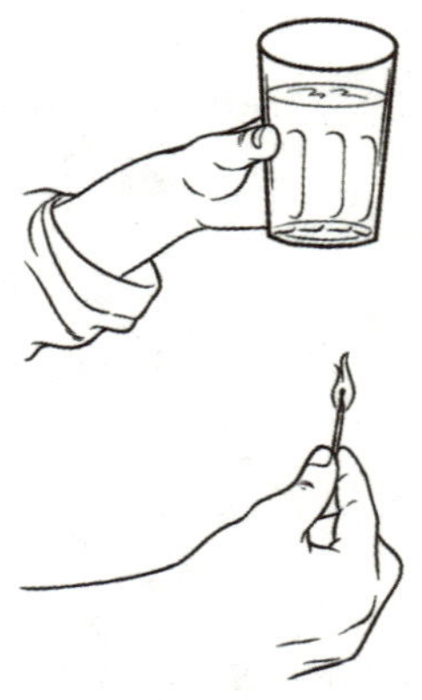

风中的蜡烛

CANDLE IN THE WIND

在这场游戏中，你需要一个漏斗、一支蜡烛。你点燃蜡烛，叫朋友从漏斗入口较细的部分吹气。令人惊讶的是，不管他怎么吹，都没办法将蜡烛吹灭。

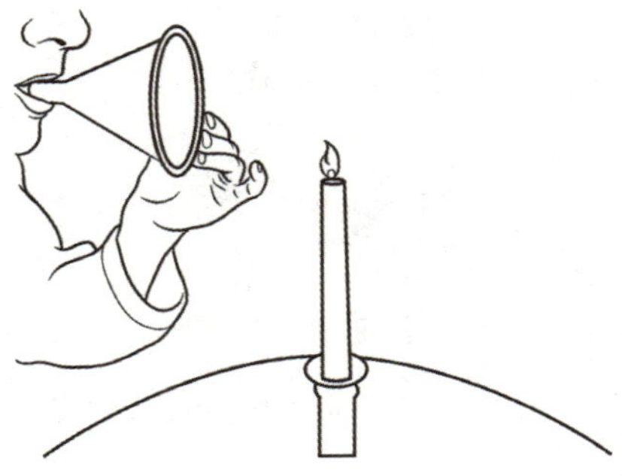

有科学家认为，对着漏斗吹气时，气流会顺着漏斗壁流出，几乎很难到达火焰。还有的科学家却觉得很难解释其中的原理。但是，如果你从漏斗较宽的一头吹气，气流则会集中得多，很轻松就能吹灭蜡烛。

燃烧的火柴

BURN BABY BURN

在空火柴盒上弄个洞，将一根火柴垂直插入洞中。然后将一枚硬币放在火柴盒上，再将第二根火柴放在硬币上，且头部靠在那根垂直的火柴上端。现在跟你的朋友打个赌，在不接触火柴的情况下，将硬币拿走。

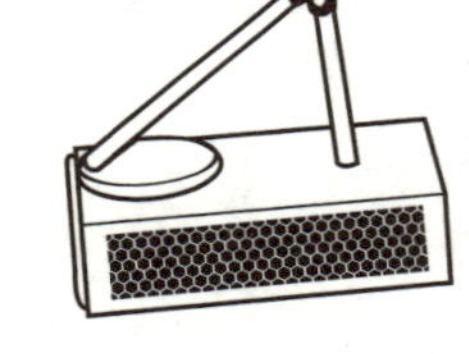

要想赢得游戏，你只需点燃第三根火柴，放在对角放置的火柴头下方的位置。火焰会沿着火柴杆蔓延，到时候往上蔓延的火焰会使两根火柴相连，往下蔓延的火焰会让火柴的末端翘起来，这样你就能拿走硬币了。

玻璃瓶中的蜡烛

GLASS-BLOWING

将一根点燃的蜡烛放在一个瓶子前面，然后你走到瓶子后面，跟你的朋友说，你在不接触瓶子、不移动位置的情况下能吹灭蜡烛。

要赢得这场游戏，只管吹气就行。气流会绕过瓶子吹灭蜡烛。

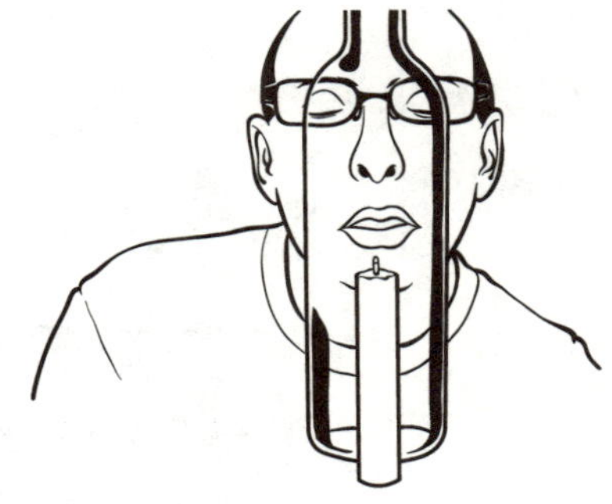

倒流的水

GOING UP

将一枚硬币放在盘子里，然后倒一些水在里面。向你的朋友发起挑战：在不弄湿手的情况下把硬币从盘子里拿出来。

要想赢得这场游戏，你需要将三根火柴插在一个软木塞里，再将软木塞放进水里，点燃火柴。

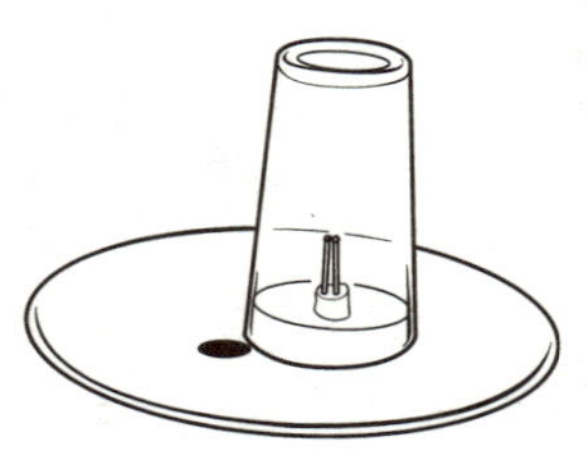

将一个玻璃杯罩在火柴上，但不要把硬币罩在里面。到时候水都会被吸到玻璃杯中，这样你就能拿走硬币了。如果没有软木塞，用一片柠檬代替也可以。

当你罩住火柴时，火便开始加热杯中的空气，一些空气就会从玻璃杯下面的边缘跑出来。事实上，如果你注意观察，就会发现水里还冒着小气泡。火柴熄灭后，玻璃杯中的空气会冷却下来，空气就会压缩。压缩的空气会将水吸入玻璃杯。这样，你就能拿走硬币了。

拿出玻璃杯中的硬币

A STICKY SOLUTION

在这场游戏中，你需要两个玻璃杯、一根火柴、几枚硬币。将一个玻璃杯罩在硬币上，然后如图所示将火柴放在两个玻璃杯中间。现在就可以跟你的朋友打赌了，叫他们在不移动火柴的情况下拿走硬币。

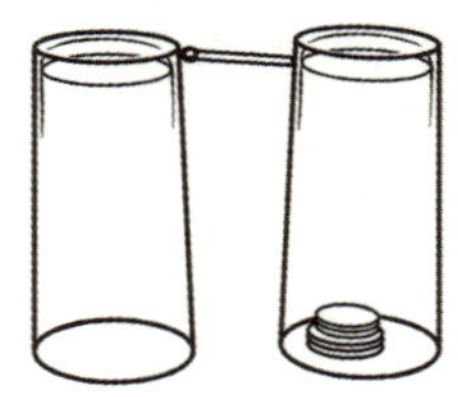

要想赢得这场游戏，只需点燃另一根火柴，再用这根火柴点燃第一根火柴，然后快速将火柴吹灭。几秒过后，火柴头就会粘在玻璃杯上，你只需拿起另一个玻璃杯就能把硬币拿走了。

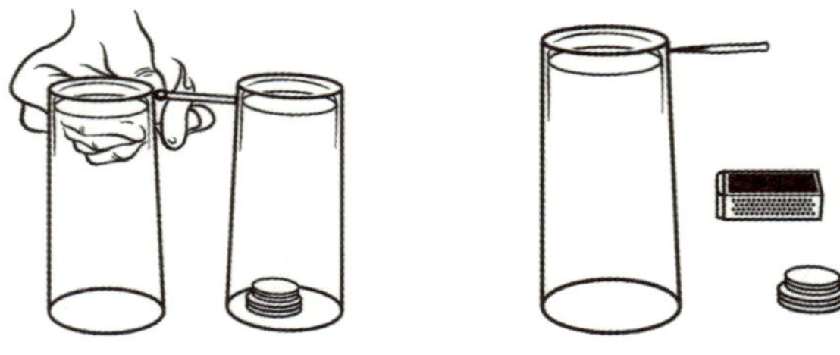

用气球拿起玻璃杯

PICK ME UP

向你的朋友发起挑战，把一个吹满气的气球放在玻璃杯上，让他们用气球拿起玻璃杯。

要想赢得这个游戏，你要小心翼翼地将一根点燃的火柴放进玻璃杯，然后将气球放在玻璃杯的瓶口上，火柴燃烧完后，就会将气球的一部分吸到玻璃杯中，这样，你就能用气球拿起玻璃杯了。

这个游戏的原理是什么？燃烧的火柴会将玻璃杯中的空气加热，加热的空气会膨胀、上升，从玻璃杯中跑出来。你将气球放在玻璃杯上，等到火柴熄灭了，玻璃杯中的空气会冷却收缩，所以会吸住气球，使其紧贴在玻璃杯的边缘，让玻璃杯处于密闭状态。

会飞的茶叶袋

LIFT-OFF

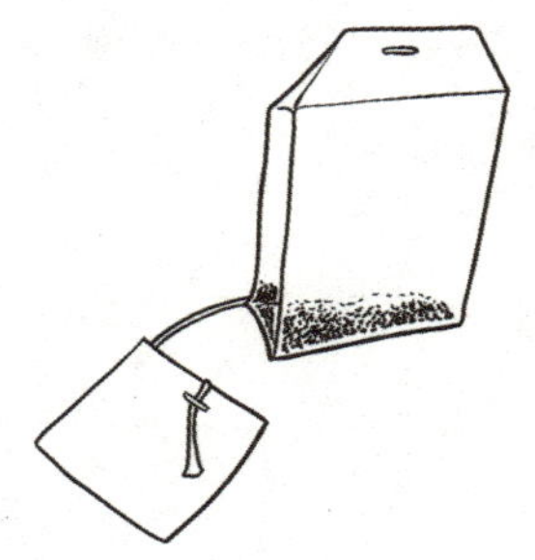

跟你的朋友打赌，说你可以让茶叶袋变成“火箭”飞起来。这个游戏首先需要一个封口完好的茶叶袋。

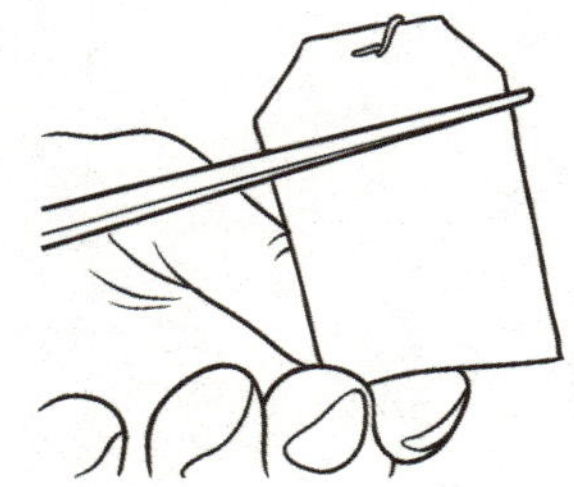

然后把茶叶袋的上端和下端都剪掉，打开茶叶袋，把茶叶倒出来，将茶叶袋变成圆筒状，放在一个盘子里。

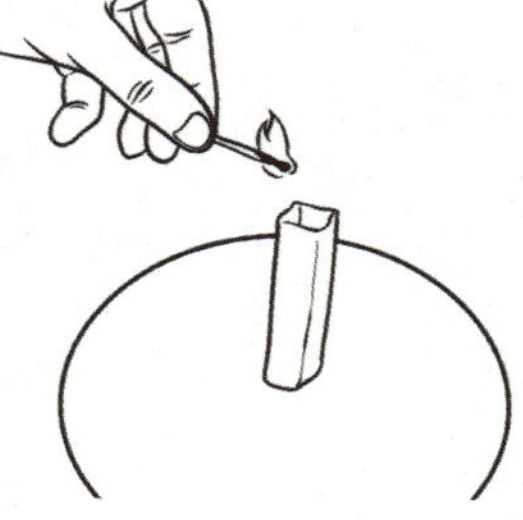

最后，点燃茶叶袋的上部，这时，茶叶袋就会从上往下燃烧。即将燃尽时，整个茶叶袋就会像火箭一样一飞冲天。

点燃茶叶袋时会加热圆筒里面的空气，热空气会上升，茶叶袋在变为灰烬的过程中重量会变轻。热空气产生的浮力会让茶叶袋升空，这跟热气球的原理一样，热气球最开始就是用一个巨大的茶叶袋做的（最后一句是我瞎掰的）。

神奇地点燃蜡烛

WE HAVE IGNITION

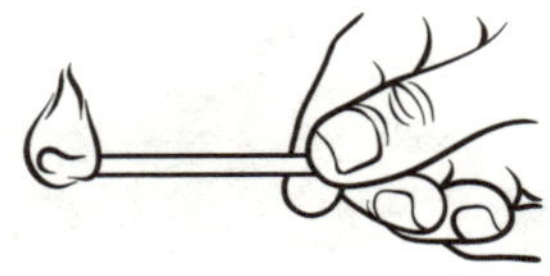

跟你的朋友打赌，说你可以不用火柴或者打火机接触蜡烛就把蜡烛点燃。如果他们不敢接受挑战，你就先用火柴点燃蜡烛。

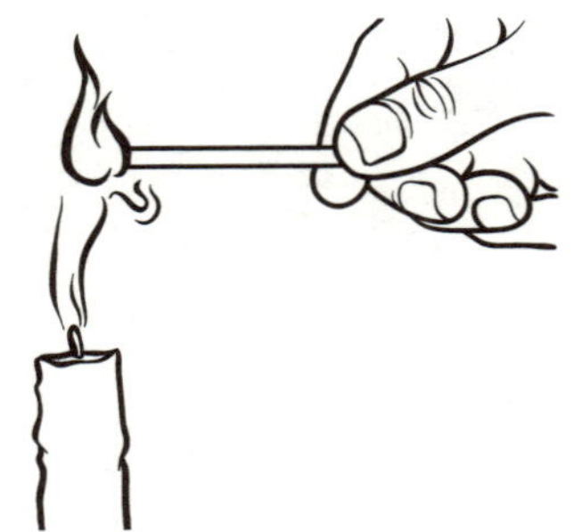

然后很快将蜡烛吹灭，小心地把燃烧的火柴重新放在蜡烛芯冒出的烟上。

火苗会神奇地沿着烟燃起来，重新点燃蜡烛。

蜡烛的学问非常有趣。1860 年，维多利亚时代伟大的科学家迈克尔·法拉第在伦敦皇家学院以蜡烛为主题讲了六堂课。

不过现在我们可没有那么多时间，所以还是长话短说吧。蜡烛燃烧的时候，高温会使蜡烛芯周围的蜡汽化，往上飘。

吹灭蜡烛后，高温的蜡烛芯仍然能够使蜡汽化。这时，蜡油会飘浮在蜡烛上方，将火柴放在冒烟的地方就能点燃蜡油散发出来的蒸气，火焰会沿着蜡烛芯往下再次点燃蜡烛。

你觉得有运气赢下最后一个游戏吗？

FEELING LUCKY?

在本书的最后，我觉得把这本书当成一个游戏也不赖。

可以说这是我最喜欢的游戏之一，希望你玩得开心。

谢谢你的参与，我希望你能看到更多怪诞心理学视频，上面有不少古怪的游戏和以假乱真的视错觉。

给你朋友一个骰子，让他们在 30 秒的时间里：

- 掷出骰子
- 将骰子上面和下面的点数加起来
- 翻到数字指示的那一页

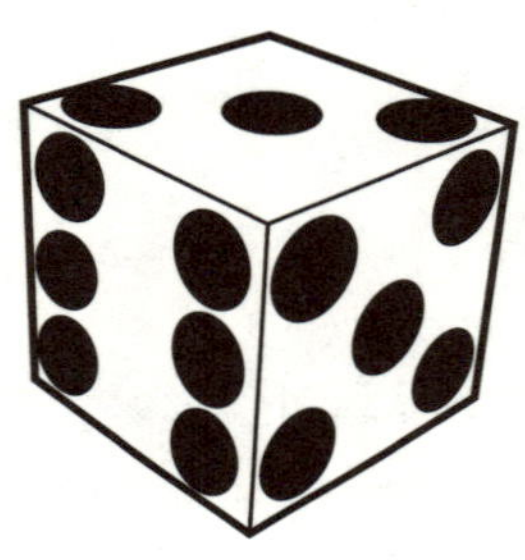

你的朋友掷出骰子后，上下两面的点数相加是 7。

不过，这本书根本没有第 7 页，所以赢得游戏的一定是你。

致　谢

ACKNOWLEDGEMENTS

要是没有众多朋友的帮助，这本书就不可能出版。首先，我要感谢许多位发现并告诉我这些游戏的人，包括马丁·加德纳、梅尔·斯托弗、亚历克斯·康兰、保罗·威尔逊。我还要感谢为本书提供其他资料的人，包括阿隆·沙阿、比尔·卡卢什、戈登·鲁特、伯纳德·卡尔。特别感谢戴维·布里特兰德的帮助和指导、杰夫·桑福德毫无保留的帮助，以及卡罗琳·瓦特不遗余力的支持和耐心。最后，我要感谢我的编辑罗宾·哈维、代理人帕特里克·沃尔什，以及所有观看怪诞心理学视频的人。

图书在版编目（CIP）数据

总能让你赢的101个怪诞心理游戏 /（英）理查德·怀斯曼（Richard Wiseman）著；刘勇军译. —长沙：湖南文艺出版社，2018.1
书名原文：101 Bets You Will Always Win
ISBN 978-7-5404-8363-0

Ⅰ.①总… Ⅱ.①理… ②刘… Ⅲ.①心理测验—通俗读物 Ⅳ.①B841.7-49

中国版本图书馆CIP数据核字（2017）第263118号

著作权合同登记号：图字18-2017-090

上架建议：心理学

ZONG NENG RANG NI YING DE 101 GE GUAIDAN XINLI YOUXI
总能让你赢的101个怪诞心理游戏

著　　者：［英］理查德·怀斯曼
译　　者：刘勇军
出 版 人：曾赛丰
责任编辑：薛　健　刘诗哲
监　　制：蔡明菲　邢越超
策划编辑：李　荡
特约编辑：汪　璐
版权支持：辛　艳
营销推广：李　群　张锦涵　姚长杰
版式设计：潘雪琴
封面设计：主语设计
出版发行：湖南文艺出版社
（长沙市雨花区东二环一段508号　邮编：410014）
网　　址：www.hnwy.net
印　　刷：三河市中晟雅豪印务有限公司
经　　销：新华书店
开　　本：880mm × 1230mm　1/32
字　　数：82千字
印　　张：6.5
版　　次：2018年1月第1版
印　　次：2018年1月第1次印刷
书　　号：ISBN 978-7-5404-8363-0
定　　价：38.00元

质量监督电话：010-59096394
团购电话：010-59320018